Heureux comme un socialiste en France

Des mêmes auteurs

La Dernière Reine : Victoria, 1819-1901, Robert Laffont, 2000.
La Dame des 35 heures, Robert Laffont, 2002.
Le Roi Carême, Albin Michel, 2003.
La Dame à la cassette, Robert Laffont, 2004.
Trop d'impôts tue l'emploi, Robert Laffont, 2005.
Pour mon fils pour mon roi. La reine Anne, mère de Louis XIV, Robert Laffont, 2009 (prix Hugues Capet).
Des fourchettes dans les étoiles. Brève histoire de la gastronomie française, illustrations de Marie Jaffredo, Fayard, 2010 (prix Epicure et prix Rabelais).

Philippe Alexandre
Béatrix de L'Aulnoit

Heureux comme un socialiste en France

Plon
www.plon.fr

© Editions Plon, un département d'Edi8, 2014
12, avenue d'Italie
75013 Paris
Tél. : 01 44 16 09 00
Fax : 01 44 16 09 01
www.plon.fr

ISBN : 978-2-259-21895-5

Le Code de la propriété intellectuelle interdit les copies ou reproductions destinées à une utilisation collective. Toute représentation ou reproduction intégrale ou partielle faite par quelque procédé que ce soit, sans le consentement de l'auteur ou de ses ayants cause, est illicite et constitue une contrefaçon sanctionnée par les articles L. 335-2 et suivants du Code de la propriété intellectuelle.

> *La Hollande est pleine d'impôts ridicules. Votre chaise paye pour être restée sur le pavé de la rue. Tout paye; tout demande; à chaque pas que vous faites, vous trouvez un impôt.*
>
> MONTESQUIEU,
Voyage de Gratz à La Haye

Sommaire

Introduction 11

1. Le président Hollande................... 17
2. Les nouveaux socialistes 35
3. Des prestidigitateurs de génie 49
4. La perle de la Couronne 65
5. Une couche de plus au millefeuille 87
6. La grande épicerie..................... 99
7. Une mafia très courtisée 115
8. Le trésor des Houillères................. 137
9. La dame du Nord 163
10. La rose et l'argent 177
11. Les nantis............................ 193
12. Cumulards, et fiers de l'être 203
13. Le parti des bons sentiments............. 217
14. Péril sur les Bouches-du-Nord 231
15. Le pays où la gauche est heureuse......... 247

Introduction

Les socialistes, en France, ont tout pour être heureux. Vraiment tout : la présidence de la République, le gouvernement avec la quasi-totalité des ministères, la représentation nationale en maîtrisant les deux assemblées, les régions, à l'exception de l'Alsace, la moitié des conseils généraux et, depuis les dernières municipales, 24 des 36 villes de plus de 100 000 habitants, Paris, Lyon, Lille, Toulouse, Nantes, Rennes, Strasbourg, Dijon... Bref, le pays leur appartient. Cette conquête a été achevée en l'an 54 de la Ve République qui fut pourtant leur ennemie héréditaire. Prudents, les socialistes n'ont guère célébré cet avènement historique. Par cette modestie, inhabituelle en politique, ils voulaient signifier qu'on était là dans l'ordre des choses, dans le cours normal, banal, inébranlable de l'Histoire. Mais leur bonheur n'est pas fait de ces milliers d'appétits assouvis, de promotions inespérées, de carrières brusquement épanouies. Les socialistes sont plus sensibles qu'on ne le croit au reproche que leur fait la droite d'être illégitimes au pouvoir. Dès qu'ils reçoivent les ors et les outils de la République, ils se remémorent cet avertissement de leurs aînés au soir de la victoire du Front populaire en 1936 : « Enfin, les difficultés commencent ! »

Ils savent bien que, cette fois encore, leur prise de possession de tous les leviers de commande, nationaux et locaux, est le résultat d'une crise économique et politique dans laquelle le pays se débat et s'enlise.

Rendons-leur justice : en 2012, les socialistes voient enfin triompher une tactique de petits pas, de furtives avancées qu'ils ont toujours mise en œuvre et, aujourd'hui, ils peuvent se féliciter de cette conquête systématique de la France, canton par canton, bourgade après bourgade. On comprend que leur Premier ministre, en cette glorieuse année 2012, soit le maire de Nantes, Jean-Marc Ayrault, ancien professeur d'allemand dont les compétences et la notoriété ne dépassent guère les limites de sa communauté urbaine.

L'organisation du PS a été conçue comme un régiment d'infanterie destiné à couvrir intégralement le territoire national. De la section où tout commence jusqu'aux plus hautes responsabilités de la rue de Solferino, le parcours suit un itinéraire obligé. Et mieux vaut pour certains socialistes bénis par le destin ne pas brûler les étapes.

Les pères de la Ve République n'y ont vu que du feu. Les compagnons du général de Gaulle ne pen-

Introduction

saient sûrement pas avoir tant fait, au fil des décennies, pour porter au pouvoir un François Hollande. Ils s'étaient donné pour mission sacrée d'empêcher à jamais que la République ne retombe dans ses crises, son impuissance, cette caricature parlementariste qui lui a fait tant de mal.

La Constitution a tout mis en œuvre pour assurer le fait majoritaire. Il s'agissait d'éviter que l'Assemblée nationale ne « renverse » le gouvernement, lequel n'est pas responsable devant le Parlement mais devant le seul chef de l'Etat. Ce système si bien verrouillé n'a pas épargné la République des « horreurs » de la cohabitation à trois reprises. De Gaulle devait se retourner dans sa tombe… C'est au cours d'une de ces fameuses vicissitudes qu'un président de la République de droite, d'accord avec un Premier ministre socialiste, a procédé à une réforme définitive de la Constitution. En faisant coïncider l'élection du chef de l'Etat avec les législatives, Chirac et Jospin pensaient que les électeurs n'oseraient pas se déjuger en trois ou quatre semaines. Ainsi, la stabilité politique était garantie pour cinq ans sans danger d'accident mortel. Mais les deux révisionnistes, alliés d'un jour, espéraient, chacun de leur côté, que leur propre camp bénéficierait de cette sorte d'assurance contre la chute.

Désormais, dans une République normale comme celle qui nous est promise, le gouvernement n'a, pendant cinq ans, aucun contre-pouvoir établi à affronter. Et pourtant, il ne se voit pas destiné à un bonheur sans mélange ! Au fond, quoi qu'ils disent, les socialistes sont plus heureux dans l'opposition qu'en assumant les responsabilités, toutes les responsabilités, et en essuyant du même coup les critiques et les colères d'une opinion par nature frondeuse.

Mais c'est ainsi : il leur revient, même s'ils n'y étaient pas préparés, de faire vivre cette République absolue, jamais inscrite ni dans les institutions ni dans les prophéties. On voit bien qu'ils ont du mal. Nombre d'entre eux préconisent à haute voix une autre République, ce qui témoigne d'une affreuse ingratitude pour celle-ci, qui s'est donnée à eux corps et âme.

Trente ans après leurs aînés, conduits par un Mitterrand qui n'était rose que du bout des lèvres et pour ceindre la couronne élyséenne, c'est une nouvelle génération, une nouvelle espèce de socialistes qui prend la France en charge. Ceux de la victoire de 1981 piétinaient depuis si longtemps dans les ténèbres qu'ils ont vraiment cru pouvoir « changer la vie ». Dans l'ivresse des premiers jours, ils se voyaient en continuateurs de Mirabeau et Robespierre. Ils allaient abolir les privilèges et étriper les émigrés de Coblence. L'un d'eux, qui deviendra plusieurs fois ministre, Paul Quilès, s'était écrié devant tous ses camarades rassemblés au congrès de Valence : « Il ne suffit pas d'annoncer qu'on va couper les têtes, il faut dire lesquelles ! » Son collègue Jack Lang s'était fendu d'un fameux couplet sur la nuit s'effaçant à l'apparition de la lumière.

Introduction

Les socialistes d'aujourd'hui, du moins dans leur majorité, nous épargnent de telles outrances. Ils voient leurs camarades européens refluer partout devant la crise. Et le Front national prendre chez les travailleurs la place laissée vacante par le parti communiste. Ce qu'ils n'avaient jamais imaginé dans leurs pires cauchemars. Face à cette nuée noire, les ficelles, les compromis, les arrangements, les *combinazione*, comme disent les Italiens, dont François Hollande est un maître virtuose, tout cela ne marche plus.

Quelques semaines seulement après leur arrivée au pouvoir, au lieu de l'état de grâce espéré, la disgrâce éclate au grand jour. Ce pouvoir socialiste dont les Français, incorrigiblement rêveurs, croyaient qu'il leur mettrait du soleil dans le cœur, tombe dans les abîmes de l'impopularité. Jamais un président de la République n'a perdu aussi vite et aussi brutalement la confiance du peuple qui l'a élu. Le pays ne comprend pas : François Hollande n'a entrepris aucune des réformes qu'il avait déclarées urgentes, les ministres se chamaillent et se contredisent, et nul, de l'Elysée à la rue de Solferino, en passant par Matignon, ne daigne tracer une perspective.

Les socialistes, si impatients de parvenir au pouvoir, avaient-ils seulement réfléchi à ce qu'ils comptaient en faire ? Leur seule ambition, semble-t-il, est de s'accrocher à ce pouvoir. Ils y mettent toute leur énergie, toute leur imagination, et parfois toute leur perversité.

1

Le président Hollande

François Hollande, président de la République ? « On croit rêver... », murmurait, entre ses dents, Laurent Fabius alors que le futur chef de l'Etat n'était encore qu'un placide candidat à la candidature. L'ancien chouchou de François Mitterrand n'était pas le seul en France à exprimer son scepticisme quant au destin national de son camarade. Sans aller jusqu'au mépris affiché, la plupart des socialistes se pinçaient jusqu'au sang sans parvenir à y croire.

Monarque foulant le tapis rouge de la cour de l'Elysée, au son de la musique de la garde républicaine, tous s'y voyaient, plus que lui, à jouer ce premier rôle de souverain de droit divin.

Fabius, adoubé jadis par Mitterrand qui l'avait fait Premier ministre, le plus jeune de France, à trente-quatre ans, s'est longtemps cru le dauphin reconnu. Mais un accident politique, le sang contaminé, et une faute stratégique, le non au référendum sur l'Europe en mai 2005, lui ont enlevé toute légitimité.

Jospin, le trotskiste honteux jamais tout à fait repenti, a tenté à deux reprises de décrocher le sceptre avant d'être éliminé et d'abandonner ses troupes en rase campagne, laissant, tel Napoléon à Waterloo, l'armée des socialistes incrédules, en pleurs. Le fatal Lionel serait bien reparti une troisième fois à l'assaut si seulement le premier secrétaire Hollande n'avait pas fait le mort.

L'arrogant Strauss-Kahn, l'économiste le plus brillant de sa génération, dont l'épouse préparait, depuis des années, son diadème de première dame, ricanait férocement. Lors de sa dernière visite à Paris avant la primaire, au cours de deux déjeuners de presse avec les journalistes du *Nouvel Obs* et de *Marianne*, il répétait : « François, il faut qu'il arrête, sinon ça ira mal pour lui ! » Dominique, pour qui les sondages s'étaient emballés, n'avait pas le moindre doute sur son élection. Tous les Français, même de droite, y croyaient aussi. Tous, sauf François, déjà persuadé que l'homme du Fonds monétaire international n'irait pas jusqu'au bout.

Martine Aubry en rêvait plus encore que les autres, elle dont le père, Jacques Delors, avait refusé de s'approcher de la couronne. Avec François Hollande, ils ont toujours été en rivalité. Elle le déteste depuis près de vingt ans. Dans les années 93-96, celles de la traversée du désert pour des socialistes bientôt orphelins de Mitterrand, Hollande n'a plus de mandat parlementaire. Tout juste siège-t-il dans les instances dirigeantes du PS mais sans

Le président Hollande

appartenir à un courant comme il convient à un militant un peu ambitieux. C'est alors que Jacques Delors, président de la Commission à Bruxelles, le prend sous son aile et le fait, à Paris, son représentant auprès des médias et du PS. Européen convaincu, François apparaît depuis comme le fils spirituel de l'émigré de Bruxelles. On peut supposer que Martine lui en veut d'être dépositaire d'une affection et d'une confiance qui lui revenaient naturellement depuis la mort de son frère aux derniers jours de cette inoubliable année 1981.

Quand elle lui succède comme premier secrétaire du PS, à son habitude, elle le traite de « nul ». Elle répète « qu'il n'a rien fait », « que le parti ne travaille plus », « même les toilettes de la rue de Solferino ne fonctionnent pas ». Jusqu'au bout des primaires, elle se croit promise à la place laissée vacante par Strauss-Kahn. A Marrakech, dans le luxueux riad d'Anne Sinclair, ils ont scellé un pacte à peine secret : « Je te soutiendrai si tu es candidat. Et si tu n'y vas pas, tu me soutiens. » Sous le soleil marocain qui fait briller les espérances et les meubles en argent, la concurrence de Hollande n'était même pas à l'ordre du jour.

Il faut bien le dire, le nouveau chef de l'Etat ne correspond guère à cette idée d'un président de tous les Français, paternel, autoritaire et lointain. C'est plutôt le copain de fac aimable, joyeux, modeste, pas le premier de la classe comme un Fabius ou un Strauss-Kahn, portant des costumes fripés, ayant l'art de séduire les filles en les faisant rire et supportant sans broncher les sobriquets de « Flanby » ou de « Fraise des bois » avant d'être qualifié de « capitaine de pédalo » par son ancien camarade Mélenchon, prince du mot qui tue. Une formule si bien trouvée qu'elle a fait rire aux larmes la France entière. Et précipité la popularité du Président dans les ténèbres.

Devant l'incrédulité générale, dans le dernier et décisif débat télévisé de la campagne, il a dû marteler à plusieurs reprises une formule destinée à clouer le bec de son challenger Nicolas Sarkozy et surtout à la faire entrer dans la tête des Français : « Moi président de la République... Moi président de la République... Moi président de la République... »

Pendant toutes ces années de combat, une seule personne y croit : sa mère, Nicole. Une femme humble, généreuse, attentive aux autres et qui a été assistante sociale. Entre la mère et le fils, il y a une adoration réciproque. Alors que les deux grands-pères paternel et maternel sont Algérie française, et le père à droite, elle est sa conscience de gauche, l'initiant, dès son plus jeune âge, à donner aux plus démunis avant de penser à soi. Lui, il a dépassé les plus belles espérances qu'une mère puisse concevoir pour son fils. Des études brillantes, HEC, Sciences-Po, l'ENA. Et par-dessus tout son engagement très jeune à gauche. Comme celui de sa compagne, Ségolène Royal, elle aussi élevée dans une famille de droite, extrêmement stricte, et qui pourtant a fait le choix de soutenir François Mitterrand. Nicole, à sa manière, encourage les ambitions du jeune couple qui n'a pas renoncé à fonder une famille. Quand François part sillonner la Corrèze et Ségolène la Charente-Maritime, c'est elle qui s'occupe des enfants.

Nul doute que son cœur de mère est meurtri lorsque François échoue à deux reprises à entrer à l'Assemblée nationale, alors que Ségolène est élue du premier coup dans une circonscription de droite. Lorsque François piétine dans l'ombre et que sa compagne prend toute la lumière. C'est Ségolène qui est ministre, elle qui pose dans *Paris Match* avec son nouveau-né dans les bras pour faire comprendre aux Françaises qu'avoir quatre enfants n'est pas incompatible avec une carrière nationale.

Lorsque en 2007, c'est elle encore qui est candidate à l'élection présidentielle, Nicole Hollande est révoltée par cette injustice du destin. Elle ne décolère pas devant son fils, premier secrétaire du parti socialiste, qui comme ses camarades et à la surprise générale s'est fait subtiliser le flambeau : « C'était à toi d'y aller, pas à elle ! »

Mais François a horreur des conflits et des drames. Il garde pour lui ses douleurs et ses rancœurs. Chez lui comme au parti socialiste, il ne se met pas en colère. Sa carapace est faite de plumes de canard sur lesquelles tout glisse. Il règle ses comptes après une longue réflexion et le plus souvent avec discrétion, comme par mégarde. Les Français n'accepteraient pas qu'il affronte la mère de ses propres enfants. Et lui non plus.

Ségolène lui reproche de ne pas l'avoir aidée. « Je me suis sentie bien seule », dit-elle après son échec. François Hollande, lui, s'en défend : « J'ai contribué à apaiser, associer et intégrer tous ceux qui voulaient prendre part à la campagne », et il se permet quand même un coup de griffe : « Elle avait constitué auprès d'elle un comité politique où précisément figurait tout ce que le PS compte de personnalités. Il ne s'est jamais réuni... »

Lui-même n'a pas l'ambition élyséenne chevillée au corps depuis l'enfance, comme l'affirmeront peut-être un jour les fabricants de légende. Il laisse dire sa mère... Il n'a pas encore toutes les cartes en main. Il ne lâche pas la proie pour l'ombre, le premier secrétariat du PS, la direction stratégique de la gauche pour la folle aventure présidentielle.

Mais cette blessure que Ségolène lui a infligée et qui l'a fait souffrir plus qu'on ne croit n'est pas inutile. Il se jure de ne plus en connaître de semblables.

C'est pourquoi, à peine éteints les amers lampions du congrès de Reims, en novembre 2008, et sa liberté de parole retrouvée, il se lance le premier en campagne, trois grandes années avant l'élection présidentielle. Mais cette fois, personne ne le prend de court. Et durant cette longue marche, avec ses mauvais coups et ses sondages décourageants, il fait preuve d'une ténacité qui sidère son entourage.

Entre-temps sa mère est décédée. Son image, son souvenir ne le quittent pas. C'est elle qui lui dit : « En avant ! » Il lui dédie sa victoire.

Les Français l'ont élu mais ils ont toutes les peines du monde à voir la haute porte de l'Elysée franchie par un président « normal ». De Gaulle est mort depuis plus de quarante ans, et si sa photo, avec sa majestueuse stature, sa jaquette noire et le grand cordon de la Légion d'honneur, a disparu des mairies, elle reste toujours présente dans l'imaginaire national.

Quant aux socialistes, l'élection présidentielle, depuis qu'elle a été inscrite dans la nouvelle Constitution, a toujours été comme un oursin dans leurs mains, presque incompatible avec le mot « République ». Au PS, on veut bien se battre, et souvent au sens propre, pour les élections municipales, cantonales ou législatives. Mais pas au service d'un homme.

François Mitterrand qui avait crié au coup d'Etat permanent a vite repris à son compte ce pouvoir personnel, souverain et monarchique. Mais avant même d'entrer à l'Elysée, il faisait figure de roi en exil, et ses camarades du PS le vouvoyaient en l'appelant « président ». Il l'était, du conseil général de la Nièvre.

Avec François Hollande, qui n'a jamais connu le moindre palais ministériel, on a, bizarrement, le sentiment d'un retour à une IVe République un peu pépère, quand les présidents étaient d'aimables maîtres de maison.

Heureux comme un socialiste en France

On a surtout l'impression que le socialisme entre par effraction dans le gracieux palais XVIIIe de la marquise de Pompadour. Tout cet or, ces tapisseries de la Savonnerie, ces plafonds où des amours joufflus font la cour aux nymphes, ces petits salons, aux boiseries vert pâle, destinés aux tête-à-tête galants, ce grand parc fleuri... Et par-dessus tout, les huissiers avec leurs chaînes qui vous mènent d'un pas précautionneux jusqu'au salon Murat du Conseil des ministres, avant d'annoncer l'arrivée du président de la République comme s'il s'agissait du roi...

Le nouveau chef de l'Etat n'aime ni le luxe ni le faste. Durant des années, lorsqu'il tentait de conquérir la Corrèze, il a dormi dans sa permanence avec des chaussettes qui traînaient par terre comme dans une chambre d'étudiant. Il a plus l'habitude de prendre un café avec ses camarades sur une table en Formica que sur des nappes blanches où brillent la porcelaine bleue de Sèvres et les verres en cristal de Saint-Louis. Contrairement à bon nombre de hiérarques socialistes, ce n'est pas un homme d'argent.

Si, comme tous ses prédécesseurs, il est ébloui, s'il aime désormais qu'on l'appelle « Monsieur le Président », il colle parfois sa tête contre la fenêtre comme le fait un prisonnier. Il ne dort à l'Elysée que contraint par sa vie privée compliquée. Les Français se demandent s'il est taillé pour la fonction suprême, s'il ne flotte pas dans son costume, et sans doute, en son for intérieur, se pose-t-il lui-même la question.

Le président Hollande

Ses collaborateurs, il les a d'abord choisis parce qu'il les connaît tous depuis longtemps. Sylvie Hubac, sa directrice de cabinet, est une copine de l'ENA. Elle fait partie de la fameuse promotion Voltaire comme le secrétaire général, Pierre-René Lemas, ancien préfet blackboulé par Sarkozy, et qui n'a rien de la flamboyance d'un Védrine, de la folie d'un Villepin ou de l'omniprésence d'un Guéant. Pas question qu'ils aillent courir les plateaux de télévision ou laisser fuiter une information. La transparence est le mot d'ordre, mais le secret est la règle.

Sous ses allures indulgentes, le président Hollande ne supporte pas qu'une tête vienne à le dépasser et lui faire de l'ombre. Il n'hésite pas à renvoyer les notes trop sommaires qui lui sont transmises et il réécrit tous ses discours. Dans le film documentaire qui retrace les premiers mois du quinquennat, *Le Pouvoir*, de Patrick Rotman, on a l'impression d'un maître d'école rabrouant des élèves disciplinés mais un peu insuffisants. Faut-il s'en étonner quand on diminue leurs émoluments de 30 % ?

Le Premier ministre est aussi un vieux pote. Il n'a, lui non plus, jamais été ministre. Ni même secrétaire d'Etat. Notable de province, Jean-Marc Ayrault a fait toute sa carrière à la tête du groupe socialiste à l'Assemblée où il s'est surtout illustré en canalisant les désirs d'intervention de ses députés. Sans beaucoup d'autorité ni de brio à la tribune, complètement inconnu à l'étranger, il ne risque pas de se poser en rival. Dès le premier jour, il était bafoué sur ses propres terres de Notre-Dame-des-Landes. Régulièrement, François est obligé de lui tresser des couronnes, trop grandes pour cet ami indéfectible.

Avec ce complice, le Président a composé le gouvernement comme s'il était toujours premier secrétaire. En ménageant et les courants et les régions. Il n'était pas question de laisser libres de leur parole les grandes gueules du PS, Laurent Fabius, Arnaud Montebourg ou Benoît Hamon. Même chez les Verts, il a pris celle qui risquait de lui causer d'imprévisibles tracas, Cécile Duflot.

Quand un socialiste est à l'Elysée, le parti tout entier est traversé par l'ivresse du pouvoir. Les premiers mois, on se partage les ministères, les appartements de fonction, les honneurs, et l'ordre règne dans la famille.

Le président de la République qui a mené la bataille et conquis le pouvoir s'arroge le droit de nommer le premier secrétaire qui lui convient, comme il le fait des ministres. Après la victoire de 2012 et l'élection à la tête de l'Etat de François Hollande, qui a été le plus longtemps le chef de la meute, le fauteuil, qui n'est pas aussi confortable qu'on pourrait le croire, est revenu au « numéro un » par intérim de Martine Aubry : Harlem Désir.

Harlem qui ? L'apparatchik le moins flamboyant du parti. Il n'a jamais été élu, pas même par une section. Sa carrière a commencé comme l'un des premiers « potes » de Julien Dray, quand les banlieues font irruption dans les cénacles de la gauche. Il se serait appelé Benjamin Martin ou Cyril Dupont, il n'aurait pas connu la même ascension. A vingt-cinq ans, dès 1984, il est parachuté comme président de SOS Racisme. Harlem Désir, on n'aurait pas pu imaginer mieux comme nom de scène politique. A l'époque, on lui pose d'ailleurs souvent la question, et il est obligé d'affirmer : « Oui, c'est mon vrai nom. »

A part ce patronyme emblématique pour les quartiers défavorisés, son curriculum vitæ est désespérément vide. Une licence de philosophie. Point final. Sans feuille de paie, il est nommé à deux reprises par ses camarades du gouvernement au Conseil économique et social, l'abri moelleux des oubliés du pouvoir. En 1999, le voilà coopté, toujours par le parti, comme député européen, la meilleure des prébendes, une élection de maréchal où l'on ne court pas le risque d'être battu.

Aujourd'hui premier secrétaire, sa principale qualité est de ne faire d'ombre à personne. C'est pourquoi les quatre ministres faiseurs de roi, Manuel Valls, Pierre Moscovici, Stéphane Le Foll et Vincent Peillon, ont exigé sa nomination à la tête du parti pour en écarter Jean-Christophe Cambadélis, à la personnalité plus encombrante. Mais plus politique au meilleur sens du mot. A son habitude, François Hollande a cédé. Avant de le regretter au bout de quelques mois.

« On ne voulait plus de parti, on ne pouvait rêver mieux, aujourd'hui, il est cryogénisé », ironise un élu local. Le seul fait d'armes d'Harlem Désir ? Avoir critiqué le patron lors de l'affaire Leonarda. Une audace insolente qui, loin de lui permettre de reprendre en main le parti, a accéléré sa chute.

Premier secrétaire, la fonction est entrée dans l'histoire en 1971, au congrès d'Epinay, qui est pour les socialistes la source, quelque chose comme le baptême de Clovis. A l'époque, le congrès nomme la direction du parti qui trois jours plus tard désigne en son sein François Mitterrand. Sa première mesure est de bannir la vieille étiquette « SFIO ».

Au départ, il s'assied du bout des fesses dans ce fauteuil qu'a occupé pendant une quinzaine d'années un homme qui est son opposé en tout, Guy Mollet. Qu'il méprise et qu'il hait parce qu'il a été son chef du gouvernement alors qu'il n'était que ministre de l'Intérieur.

Son ambition à lui est aussi d'arriver au sommet de l'Etat. Mais pas question d'une alliance avec le centre. Sa stratégie, qu'il dévoile devant l'Internationale socialiste, à la stupeur des Allemands, est de s'allier avec les communistes. Et il ne craint pas d'ajouter : « pour les réduire à une position secondaire ». Une hypothèse qui paraît alors totalement invraisemblable.

En 1981, quand il arrive à l'Elysée, Mitterrand choisit pour lui succéder à la direction du PS un apparatchik nommé Jospin, le moins flamboyant des membres de la direction du parti. Mais, deux ans plus tôt, au congrès de Metz, le zélé Lionel a déclaré : « L'objectif du PS n'est pas de moderniser ou de tempérer le capitalisme mais de le remplacer par le socialisme. » L'année suivante, en 1980, il est devenu légitime aux yeux de ses camarades, lorsqu'il a terrassé Georges Marchais dans un débat télévisé, « Les dossiers de l'écran », organisé à l'occasion des soixante ans du Congrès de Tours. Ce baptême du feu lui ouvre les portes des médias et lui fait entrevoir un destin national.

Car cette fonction de premier secrétaire n'a qu'un but, qu'un sens, servir de marchepied vers la magistrature suprême. Si l'on oublie cette vérité, gouverner le parti, exalter ses militants avec des phrases tirées de Jaurès, en appeler aux « camarades », aux sections, tout cela est dérisoire. Premier, oui, mais secrétaire quand même.

Pendant sept ans, Lionel exerce ses fonctions de façon raide, cassante, avec une vulgate barbouillée de marxisme. Qu'une tête se lève dans les rangs socialistes, et le voilà qui retrousse ses manches. Laborieusement, consciencieusement. Avec lui, c'est un nouveau vocabulaire qui s'impose à l'intérieur du parti. Une nouvelle conception des rapports de forces. Personne ne sait, et pas même Mitterrand, que le premier secrétaire a connu le meilleur des apprentissages et qu'il est un militant clandestin de l'OCI, Organisation communiste internationaliste, le parti trotskiste le plus révolutionnaire, un sous-marin détaché du lambertisme dans l'appareil du PS. Il le restera d'ailleurs au sein puis à la tête du gouvernement. Car, bonheur imprévu, c'est lui qui entre à Matignon en 1997.

Naturellement, l'histoire se répète. Il place dans le fauteuil du premier secrétaire un homme connu pour sa docilité, dont la rondeur et la bonhomie servent de contrepoison à la froide rudesse du révolutionnaire protestant. Prêt à répondre « d'une petite blague » à toutes les demandes des journalistes, François Hollande soigne sa cote de popularité auprès des médias. En Corrèze, il pratique le labourage du terrain électoral avec la même bonne humeur que Chirac et que leur maître à penser, la gloire radicale locale, le docteur Queuille. Avec lui, la France entière, presque sans s'en rendre compte, se donne au socialisme. Et surtout Paris, fief chiraquien tombé en désuétude. Avec ces titres de gloire, le premier secrétaire devient le nouveau « Père la Victoire ». Au sein du parti, il est désormais l'artisan des réconciliations miraculeuses. Il est l'homme de la « synthèse ».

Tous les deux ans, les socialistes ont rendez-vous avec l'histoire. Leur congrès, dans une ville où l'un d'eux règne, est l'occasion de se réunir, camarades de tendance et frères ennemis pour une fois au coude à coude, brassant dans un brouillard de discours et d'imprécations des projets de société et des programmes électoraux. Une fête préparée longtemps à l'avance où les nouveaux adhérents peuvent tutoyer les vieilles gloires nationales. Selon un rituel qui ne saurait subir aucun accroc, les militants, dans leurs sections, ont déjà voté sur différents textes, chacun portant une lettre et représentant un courant de pensée avec sa tête de liste et son porte-parole.

Au milieu des allusions aigres-douces et des invectives, un premier secrétaire, digne de son titre, doit savoir faire la synthèse. Il joue sa survie au cours d'une longue nuit, la dernière, qui voit, derrière des portes bien closes, dans l'odeur du café refroidi, les camarades en chef de ces bataillons, jusque-là acharnés les uns contre les autres, se réunir au sein de ce qu'on appelle, dans le parti, avec cette pédanterie qui lui est propre, la motion de synthèse. Ce texte en forme de compromis, parfois tiré par les cheveux, rassemble les dogmes jugés inconciliables des deux courants extrémistes : la gauche dure et le révisionnisme social-libéral.

Mitterrand, premier secrétaire et président présomptif, n'assistait pas à ces nuits blanches enflammées et arrosées à la bière. Il se faisait représenter par son fondé de pouvoir Jospin, docteur en synthèse laborieux et parfois menaçant qui laissait ses interlocuteurs exsangues. Hollande, lui, pratique la synthèse en douceur, comme par négligence. Au cours de son premier congrès, à Dijon, comme au dernier du Mans, tel un prestidigitateur, il se fabrique une majorité avec ses plus intraitables adversaires, ceux de la gauche de la gauche : Henri Emmanuelli, Benoît Hamon, Vincent Peillon, Arnaud Montebourg.

Heureux comme un socialiste en France

Mais les motions de synthèse, si bien ficelées soient-elles, n'assurent pas les majorités intangibles. L'enfant du miracle, c'est « François ». Huit années durant, le premier secrétaire se voit réélu dans deux congrès. Mais surtout, sans être ni un tribun ni un stratège d'exception, par la seule grâce de son imperturbable bonne humeur, il accumule les succès électoraux à toutes les élections intermédiaires, municipales, cantonales, régionales...

Aujourd'hui qu'il est à l'Elysée, les vieux caciques, les éléphants et les nouveaux ministres, bien installés dans leurs palais, ne le prennent plus au sérieux. Ils ont été charmés par son affabilité et voici qu'ils lui reprochent vertement sa faiblesse de caractère, sa répugnance à trancher et à sanctionner.

On dirait que le président Hollande ne les entend plus. Pour lui, gouverner, c'est négocier et non décider. La feuille de route pour relever la France, il la connaît par cœur, lui qui a accompagné Jacques Delors dans sa tentative de convertir la gauche à « l'ingénierie économique ». Pour le chef de l'Etat, les lois et projets débattus avec ivresse dans les congrès socialistes ne sont plus d'actualité. L'avenir est aujourd'hui de rendre le socialisme de gouvernement crédible. Et non de cajoler le parti en privilégiant la doctrine.

Mais il lui faut faire comprendre à ses camarades qu'on peut être à la fois social et libéral. Que l'économie de marché a ses bienfaits quand elle apporte des emplois. Qu'il faut que les entreprises gagnent de l'argent pour assurer le mieux-être de leurs salariés. Que l'on peut discuter pied à pied avec les syndicats comme l'a fait avant lui le social- démocrate allemand Gerhard Schröder. Et leur imposer cette flexibilité, qu'ils ont toujours refusée, faisant le lit du chômage, forçant les entreprises à délocaliser ou à fermer les unes après les autres, faute de compétitivité.

Tout cela, il le sait. Et il n'est pas le seul dans le parti mais, de peur de déchirer son camp, il mène une politique de petits pas timides qui n'impressionnent ni ses camarades de gauche ni les électeurs de droite. Il le répète sans cesse : « Mon objectif est à cinq ans. » Et il veut régler son rythme à cette distance. Il n'est pas l'homme d'une histoire qui se révèle chaque jour, en France comme dans le monde, un peu plus tragique. Il n'est pas le président des tempêtes ni des noirs nuages.

Pourtant, au bord du gouffre, il s'acharne à tout mettre en œuvre pour tenter de conserver à son parti l'ensemble de ses positions rudement conquises sur la droite. Finalement, son vrai domaine réservé.

Etape par étape, c'est ainsi que François Hollande s'est imposé à la tête de l'Etat. Et qu'il compte y rester. « L'erreur, dit-il, est de croire que le pays a basculé à gauche. Il n'est pas conquis. Il ne le sera jamais. »

2

Les nouveaux socialistes

Dès son arrivée au pouvoir, la famille socialiste s'est trouvé une nouvelle idole. Mais ce n'est pas celle que l'on attendait. Au bout de quelques mois, le président Hollande est dépassé en prestige et popularité par son ministre de l'Intérieur, Manuel Valls. Les camarades tentent de s'excuser en disant : « Ce n'est pas chez nous, c'est à droite qu'il plaît. » Pas sûr ! Le premier flic de France a pour lui les élus locaux, les maires, la gauche du terrain.

Sur le papier, il a au départ le profil idéal pour être populaire auprès des « nouveaux socialistes », cette génération issue des banlieues qui peuple désormais les travées des hémicycles et les bureaux de ministres. C'est un Catalan immigré de la première génération, né en 1962 à Barcelone et jusqu'à vingt ans obligé d'aller renouveler à la préfecture sa carte de séjour. En fac d'histoire à Tolbiac, il adhère à l'UNEF, le grand syndicat étudiant, et au parti socialiste à dix-huit ans, avant d'être naturalisé français deux ans plus tard. En 1981, il ne peut pas encore voter pour François Mitterrand.

Heureux comme un socialiste en France

Ce n'est pas grave car il est pour Michel Rocard qu'il suit à Matignon en 1990, comme conseiller chargé des sports. Bizarrement, Jospin, son second maître à penser, est l'ennemi acharné du premier. Peu importe, Manuel Valls est une synthèse à lui tout seul. En 1997, il suit aussi Lionel à Matignon, toujours comme conseiller mais cette fois chargé de la communication et de la presse. Avec les journalistes, il s'occupe déjà de la sienne. A vingt-quatre ans, il a été élu conseiller régional d'Ile-de-France, dont il devient le premier vice-président en 1998. Trois ans plus tard, il quitte les ors de Matignon pour prendre possession de la ville d'Evry dont le maire PS vient opportunément de démissionner après quinze mois de mandat, afin de faire place nette au jeune fauve couvé par le Premier ministre. L'Essonne, c'est une terre de gauche, le département de Julien Dray, de Jean-Luc Mélenchon et de l'inusable pasionaria Marie-Noëlle Lienemann.

La première qualité de Manuel Valls, c'est sa très grande liberté de parole et de penser. Plus que socialiste, il se dit « républicain ». Aujourd'hui ministre de l'Intérieur, cet homme pressé emploie les mêmes méthodes musclées que ses prédécesseurs de droite pour tenter de juguler la délinquance et l'immigration. Il n'hésite pas à dire haut et fort qu'il souhaite le « déverrouillage » des trente-cinq heures, qu'il est pour la TVA sociale et surtout qu'il veut inscrire dans la Constitution la règle d'or de l'équilibre du budget. Proche de Tony Blair, il représente un courant qui a toujours été ultraminoritaire et explique son faible score de 6 % des suffrages aux primaires de 2011.

Sur les problèmes les plus brûlants qui se posent à la France, il n'y a au départ que des divergences de vues entre un Manuel Valls qui penche plutôt vers les libéraux et un Benoît Hamon venu de l'aile gauche et porte-coton de Martine Aubry, entre un Pierre Moscovici pro-européen et un Arnaud Montebourg champion de la démondialisation. Les Français qui ne sont pas tous rompus au charme discret des conflits inhérents à la vie quotidienne du parti sont ébahis lorsqu'ils comptent les coups qu'échangent les camarades.

Mais, au parti socialiste, l'union sacrée n'est pas « normale », la dispute, noblement appelée « débat », est une règle de vie. On laisse la discipline, la pensée unique à la droite. On est fier de confronter les idées parfois jusqu'à l'invective et l'insulte. C'est comme une seconde nature. Dans la longue histoire du socialisme en France, il y a toujours eu une opposition interne : Jaurès contre Guesde, Pivert contre Blum, Defferre contre Mollet. Et lorsqu'une majorité de synthèse naît d'un congrès, on peut être assuré qu'elle n'aura pas une longue vie. Arrive le moment où la divergence, longtemps placée sous l'éteignoir, se réveille et éclate.

En nommant au gouvernement du réputé pacificateur Jean-Marc Ayrault des hommes et des femmes représentant les tendances les plus extrêmes du PS,

François Hollande a sans doute espéré que de cette cacophonie naîtrait une « synthèse », une troisième voie entre rigueur budgétaire et modèle social, entre droits de l'homme et maîtrise du flux migratoire. Hélas ! Chaque événement, chaque décision, presque chaque jour voit rebondir de plus belle cette guerre civile perpétuelle. Pour les socialistes au pouvoir, le grand clivage se situe entre les partisans de la réduction des dettes et ceux de la croissance à tout prix. Mais les droits de l'homme avec l'accueil des immigrés en étendard constituent aussi une valeur suprême qui ne souffre aucune concession. Là encore, le Catalan Manuel Valls défie l'ensemble du parti. C'est sur ce terrain qu'il est le plus contestable et suspecté de sarkozysme rampant. Il avance droit sur ses éperons. Son parcours d'immigré lui confère le droit de balayer d'un revers de main les attaques : « Le droit d'être français se mérite », lance-t-il à la forêt de micros braqués en permanence sur lui.

François Hollande a tant de respect pour la tradition de la querelle qu'il répugne à jouer les arbitres, souvent à ses dépens. Par la faute d'une jeune Kosovare, prestement expulsée par le ministre de l'Intérieur, on a même assisté à un déferlement de critiques publiques envers le chef suprême des socialistes et de l'Etat de la part d'une nouvelle génération d'élus PS, issue des banlieues et qui met un point d'honneur à défendre les plus démunis. Que dire de la sénatrice des Bouches-du-Rhône,

Les nouveaux socialistes

Samia Ghali, qui le soir des primaires à Marseille a laissé huer le Premier ministre et le président de la République, sous prétexte que les quartiers nord de sa ville étaient encore et toujours délaissés !

Tous ces « nouveaux socialistes », ministres, parlementaires, secrétaires de section n'ont connu jusqu'ici que les ivresses de l'opposition où tous les coups sont permis. Pour eux, la liberté de penser et de parler ne connaît aucune limite. Mais ce que les Français non politiquement avertis prennent pour une gigantesque pagaille, signe de l'amateurisme de cette génération Hollande parvenue au pouvoir, n'est-ce pas plutôt la marque d'une effervescence, d'une vivacité, d'une bonne santé ? En un mot, ce qui fait sa force face à une droite terne, décadente et impuissante à faire rêver les nouvelles générations avec son discours moralisateur et exclusivement économique.

La rupture entre la jeunesse et la droite date de Mai 68. Elle est irréversible. Mitterrand est passé à côté de cette révolution ratée, mais il comprend vite qu'il y a une nouvelle vague à séduire et embrigader. Il construit le PS autour d'elle. A l'élection présidentielle de 1969, le parti n'a pas de candidat. Il sort de son coma prolongé et ne commence à revivre que lorsque Giscard, dans sa fringale moderniste, accorde le droit de vote à dix-huit ans. Son prédécesseur Pompidou l'a prédit : « Si je donne le droit de vote à dix-huit ans, je perds les élections. » De l'éloquence de tribune à la politique militante, il n'y a pas loin. C'est ainsi qu'au parti socialiste débutent la plupart des grandes carrières. A chaque manif, un nouveau convoi de jeunes talents s'en va grossir les rangs du PS devant les yeux de la droite qui, sous la baguette d'un Copé trop convenable, peine à renouveler ses têtes.

Un des principaux viviers dans lesquels puise le parti socialiste, c'est le grand syndicat étudiant, l'UNEF. Tous ses présidents successifs jusqu'à ce jour entrent au parti socialiste dès la fin de leur mandat et y entament une belle carrière. L'un des plus anciens est le trotskiste Jean-Christophe Cambadélis. Le plus récent, Bruno Julliard, né en la glorieuse année 1981, est aujourd'hui adjoint à la Culture de Bertrand Delanoë, à la mairie de Paris, élu du 13e arrondissement et, depuis le congrès de Reims, secrétaire à l'Education du parti socialiste. Entre les deux, Christophe Borgel, « filleul » et plume de Laurent Fabius, a été propulsé numéro deux du parti au poste très convoité de secrétaire national aux élections qui propose toutes les investitures. Parachuté aux élections législatives de 2012, il s'est choisi un terrain d'atterrissage de choix dans la région de Toulouse, fief socialiste de longue date.

Comme eux, Pouria Amirshahi entre en politique à quatorze ans. A croire que pour adhérer à la gauche, il faut avoir une âme d'adolescent. Ce fils d'architecte, dont la famille a fui l'Iran, s'inscrit à la section de son village de Charente, Hiersac, 340 habitants à l'époque, et prend vite du galon.

Les nouveaux socialistes

Premier secrétaire du canton, il fait ses études à Paris et devient à vingt-deux ans président de l'UNEF, un de ceux qui resteront le plus longtemps à ce poste, quatre ans, un record qui lui vaut aujourd'hui d'être député des Français de l'étranger. A la gauche du parti, il a été désigné contre un proche collaborateur et ami de François Hollande, Faouzi Lamdaoui, actuellement conseiller à l'Egalité et à la Diversité à l'Elysée auprès du président de la République.

Evidemment, « pour être bien servi à coup sûr », dit un dirigeant du parti, il faut terminer au moins président ou vice-président du syndicat étudiant. Il en va de même au MJS, le Mouvement des jeunes socialistes créé en 1993, au moment le plus sombre de l'histoire du parti socialiste. Une Bérézina aux législatives qui se termine le 1er mai suivant par le suicide de Pierre Bérégovoy. Son premier président Benoît Hamon est aujourd'hui à Bercy, ministre délégué à l'Economie sociale et solidaire et à la Consommation dans le gouvernement de Jean-Marc Ayrault.

Avec ses multiples courants tous « plus à gauche que moi tu meurs », le MJS est la pépinière attitrée du parti. Son aiguillon. Mitterrand le qualifiait en riant, quelquefois jaune, devant ses démangeaisons gauchistes, d'« école du vice ». Chaque dirigeant, de Fabius à Delanoë, veut y avoir son noyau dur. Les résultats des élections y sont dignes de ceux des maréchaux soviétiques : en 2005, Razzy Hammadi en est devenu président avec 92 % des suffrages avant d'être nommé secrétaire national aux Services publics du parti et d'être élu en 2012 député de Seine-Saint-Denis, ce fameux 9-3, hier bastion communiste, patiemment conquis par le PS.

Depuis 1984, SOS Racisme est la troisième « éprouvette » dans laquelle poussent les « bébés » socialistes de banlieue. Son fondateur, Julien Dray, adhère à quatorze ans et demi au communisme : « A Noisy-le-Sec, dans la classe, on est un petit noyau de jeunes militants. On a une prof de français magnifique. Elle a vingt-six ans, elle est trotskiste, porte des minijupes sous son manteau de fourrure, toujours la cigarette à la main, une pétroleuse qui vient d'avoir le CAPES. Elle nous repère, discute avec nous. A la section communiste, on pose trop de questions. On se fait virer. C'est comme ça qu'on rejoint la LCR [Ligue communiste révolutionnaire] de Krivine. Je monte en grade. Mais j'en ai marre. Je trouve que les luttes des trotskistes avec leurs batailles rangées, c'est démodé. »

Le lendemain du 10 mai 1981, Dray déjeune avec le socialiste parisien Jean-Marie Le Guen qui lui ouvre les portes du PS : « J'emmène avec moi cinq potes, deux journalistes, Harlem Désir, Laurence Rossignol et Bernard Pignerol, aujourd'hui respectivement premier secrétaire, sénatrice de l'Oise et conseiller international de Bertrand Delanoë à la mairie de Paris. Mais à l'époque, on est mal accueillis par Jospin. » Chercheur à la fac de Villetaneuse, Julien rencontre Jean-Loup Salzmann, aujourd'hui président de la Conférence des présidents d'université dont le père est à l'Elysée un collaborateur de Mitterrand. « Je lui explique que j'ai envie de faire un truc avec les jeunes et la musique. Il me dit : "Fais une note pour mon père." »

En décembre 83, ce sera la « Marche des Beurs » que Jacques Pilhan, maître communicateur de l'Elysée, transforme l'année suivante en SOS Racisme. La rose au poing est vite éclipsée par la main jaune de « Touche pas à mon pote ». Un coup de génie qui rend le candidat Chirac fou de jalousie et assure, en 1988, la réélection de François Mitterrand !

Le problème, c'est de faire cohabiter ces générations issues de quartiers en difficulté avec les énarques qui tiennent désormais le haut du pavé au PS. Et pas seulement les grands ministères comme Bercy ou le Quai d'Orsay. Jamais on n'a vu un gouvernement aussi diplômé. Pas plus, mais pas moins que la droite. Avec le reproche d'être lointain, distant et éloigné des préoccupations des couches populaires. Autrefois, il fallait avoir conquis une ville importante pour être ministre. Aujourd'hui, au grand désespoir d'un Gérard Collomb, maire de Lyon, ou d'un François Rebsamen, maire de Dijon, qui tous deux ont arraché leur ville à la droite, la voie royale, c'est la filière jeune ou technocratique.

A l'Assemblée nationale, cette nouvelle génération de trentenaires monopolise la voix du parti. Elle a baigné dans la politique dès son plus jeune âge et a vite intégré les cabinets des élus locaux quand elle n'a pas fait son apprentissage tout de suite comme attaché parlementaire. Ayant grandi avec Internet, elle maîtrise tous les nouveaux instruments de la politique, les blogs, les réseaux sociaux comme Facebook, Twitter ou Tumblr... Elle ne passe pas son dimanche à courir les comices agricoles pour caresser le cul des vaches. Elle pratique la langue du Web. Elle s'adresse directement aux médias. Ce sont les « nouveaux socialistes ».

Le respect de la discipline de groupe, ils ne connaissent pas non plus : « Il y a cinq ans, quand on voulait déposer un amendement, il fallait recevoir l'aval du groupe, il y avait une réunion qui décidait s'il était retenu ou non. Aujourd'hui, j'ouvre mon ordinateur et je découvre sous la signature d'un jeune député : Je dépose tel amendement. Qui veut le signer ? On se dit : Mais qu'est-ce que c'est que ça ? Parfois le responsable du groupe chargé du domaine dont il s'agit n'est pas au courant », déplore un des aînés du PS.

Au printemps 2013, le provocateur en chef de ces nouveaux socialistes, Razzy Hammadi, a tenté d'entraîner le groupe PS dans une charge contre le gouvernement pour exiger l'application de la promesse de François Hollande sur le vote des étrangers : « L'amendement est la seule solution qui permette aux parlementaires d'agir », affirme ce professionnel de la politique qui a débuté à dix-neuf ans comme secrétaire de section à Toulon. « Au

Les nouveaux socialistes

Parlement, les anciens ne sont plus du tout adaptés à cette guerre du mouvement, dit Jean-Christophe Cambadélis. Avant, la force d'un élu se fondait sur l'appui des sections. Désormais, il suffit d'une déclaration et de cinquante signatures pour mettre le feu au parti, au gouvernement et peut-être au pays. »

Karine Berger, économiste en titre du parti, a été élue députée des Hautes-Alpes avec la vague rose de 2012. Un an auparavant, elle a participé à la rédaction d'un livre intitulé : *Les Trente Glorieuses sont devant nous.* Cette polytechnicienne, fille d'enseignants, a, sur les plateaux de télévision, un aplomb qui frôle la morgue. Mais pas seulement.

A l'automne 2013, sans consulter personne, elle dépose un amendement en vue de réduire le crédit impôt recherche, destiné aux grosses sociétés du CAC 40 pour les affecter aux petites entreprises. Elle essuie un vote hostile de la commission des Finances. Elle n'en démord pas et veut quand même le redéposer. Déjà la presse s'empare de l'affaire et le ministère des Finances est obligé de hausser le ton : « Pas question de charger la barque des grands groupes, alors que nous augmentons déjà l'impôt sur les sociétés. On risquerait de les voir délocaliser leurs centres de recherche à l'étranger. »

Lors de la dernière discussion budgétaire, les scuds contre Bercy se sont multipliés. Exemple ? Jérôme Guedj, président du conseil général de l'Essonne et suppléant du ministre de la Ville, François Lamy, a ainsi tenté de torpiller une mesure reportant de six mois – du 1er octobre 2013 à avril 2014 – la revalorisation des minima sociaux dans le calcul des retraites. Une économie de 500 millions d'euros. L'amendement de l'énarque Guedj la supprimait, estimant qu'elle pénalisait les petits revenus. Cette fois, le ministre du Budget, Bernard Cazeneuve, pourtant placide, a perdu patience : « Attendez, on n'est pas à l'UNEF ! »

Lors de la loi sur le non-cumul, ces nouveaux socialistes sont montés au front et ont voté la loi au-delà même des desiderata de l'Elysée : « Ils aiguisent sans cesse les angles. On ne les tient pas », avouent les ministres souvent excédés de devoir se battre pied à pied ou de revoir leur copie. « Ils n'ont pas la même culture ni le même enracinement que nous. Ils n'ont jamais exercé une vraie profession ni côtoyé le monde du travail et ça leur manque. Au fond, ils n'ont pas de passé », analysent les anciens du PS qui redoutent l'application du non-cumul en 2017 : « Les députés plus disponibles pourront consacrer tout leur temps à déposer des amendements. Le rôle du Parlement en sera transformé et l'exécutif devra affronter une Assemblée nationale plus pugnace. Ce harcèlement du gouvernement par sa majorité ne fera que croître et embellir. »

A l'automne déjà, dans une atmosphère de Constituante, soixante-douze députés socialistes et écologistes se proposaient d'imposer une « CSG progressive » et socialement plus juste. Ils n'ont accepté de retirer leurs deux amendements au budget de la

Sécurité sociale qu'en échange de la promesse du gouvernement d'une « réflexion » plus large sur la fiscalité. Pour les ramener à la raison, il a fallu que Jean-Christophe Cambadélis monte au front, à la place d'un Harlem Désir perpétuellement défaillant, et recadre les rôles dans une salle du Palais-Bourbon. Un débat survolté face à ces nouveaux socialistes que certains surnomment désormais les « mutins » avec, à leur tête, Laurent Baumel, Jérôme Guedj, Pouria Amirshahi, François Kalfon, Pascal Cherki et l'éphémère ministre de l'Environnement Delphine Batho... tous partants pour se battre, la fleur au fusil, comme ils le faisaient naguère contre l'UMP et Nicolas Sarkozy.

Plutôt qu'à la mise à mort du Président et de son gouvernement, le quasi-vétéran Cambadélis leur a conseillé de se préparer à gagner la prochaine bataille des élections municipales. Un terrain que le ministre de l'Intérieur Manuel Valls a pris soin de baliser en infatigable chef d'état-major.

3

Des prestidigitateurs de génie

Dans l'hémicycle de l'Assemblée nationale, ils ont la main sur le cœur, la bouche pleine de slogans républicains et démocratiques, mais dans les bureaux du ministère de l'Intérieur, ils gardent les yeux rivés sur leurs ordinateurs. Dès leur arrivée au pouvoir, les socialistes ont changé à leur profit tous les modes de scrutin : les municipales, les cantonales, les régionales, les sénatoriales...
Pourtant, lorsqu'en 2010 Nicolas Sarkozy décide, sous prétexte de s'attaquer à l'indigeste mille-feuille administratif français, de lancer une grande réforme territoriale et de redécouper les circonscriptions électorales, ils n'hésitent pas à brandir l'étendard de la révolte. Un ministre UMP, l'Auvergnat Alain Marleix, est spécialement chargé de la mission chirurgicale. Le jour où son projet de loi arrive en discussion à l'Assemblée nationale, les députés PS quittent en chœur l'hémicycle avec des pancartes : « Démocratie ! » A leur tête, Pierre Moscovici s'écrie avec la voix de Saint-Just : « Les

bandits ! Ils viennent de sanctuariser pour l'UMP de deux cents à deux cent cinquante circonscriptions. »

Peu importe les belles déclarations sur l'honnêteté, la transparence et la justice électorale. A l'époque, s'indigner, « c'était le devoir d'opposition » ! Dès l'été 2012, au nom du fameux « Le changement, c'est maintenant », la réforme territoriale de Sarkozy est jetée à la corbeille. Avec Manuel Valls au ministère de l'Intérieur, les ordinateurs de la place Beauvau tournent à plein régime. A coups de simulations, de statistiques et de courbes, les experts recrutés par le ministre socialiste agrandissent les circonscriptions, peaufinent des réformes et des lois qui ont un seul but : conserver à la gauche toutes ses conquêtes, lui assurer, dans les prochains scrutins, la majorité à l'Assemblée nationale, au Sénat, dans les régions, les départements et les grandes villes. Le maintien à l'Elysée est à ce prix.

Manuel Valls présente son projet de loi territoriale en Conseil des ministres le 28 novembre. Moins de six mois plus tard, le 17 mai 2013, tout est bouclé. Adieu, la réforme fiscale et celle des retraites... Peu importent le gouffre de la Sécu, le chômage abyssal, le pouvoir d'achat qui chaque jour plonge un peu plus la France dans le déclin... La priorité, c'est d'abord et avant tout de rester en place. Pour plus de sûreté et ne rien laisser au hasard, le PS s'est aussi empressé de changer les dates de scrutin. Il recule à 2015 les élections dépar-

Des prestidigitateurs de génie

tementales et régionales initialement prévues pour 2014. Histoire de fignoler le redécoupage : « Ah ! La gauche, elle sait y faire. Elle a hurlé contre le travail de Marleix mais, au final, elle n'a rien perdu. Nous, nous sommes là avec nos grandes déclarations sur la place de la France dans le monde. Eux, ils ne font plus de la politique mais du calcul politicien. Et en plus, ils nous abreuvent de grands principes », s'écrie le sénateur-maire centriste de Meudon, Hervé Marseille, encore éberlué par tant d'ingéniosité.

C'est que ce travail d'orfèvre sur les lois électorales est le fruit d'une longue réflexion politique poursuivie depuis des années dans les *think tanks* et les colloques discrets où s'élabore la stratégie électorale du parti socialiste. Tout part de quelques évidences démographiques que déjà Lénine et ses amis trotskistes avaient conceptualisées. Les ruraux votent à droite. Les électeurs de gauche sont dans les grandes villes. Il faut les prendre là où ils sont et donc favoriser les circonscriptions urbaines.

C'est aux municipales de 2001 que la réalité saute aux yeux des camarades. Dans toute la France, ils subissent un net revers. En revanche, les pertes sont compensées par deux succès inattendus. A Lyon, Gérard Collomb emporte la ville dont la gauche faisait le siège, sans succès, depuis près de cinquante ans. Et à Paris Bertrand Delanoë devient le premier maire socialiste de la capitale. Deux candidats sortis du chapeau, que personne ou presque ne connaît, sur lesquels le parti n'a jamais misé mais qui présentent le même profil. Ils sont capables d'attirer la nouvelle clientèle qui peuple les villes, les couples bobos, les femmes qui travaillent, avec ou sans enfants, les étudiants issus ou non de l'immigration, sans parler des homosexuels et même des jeunes entrepreneurs du Net, architectes, artisans ou commerçants puisque chacun des deux candidats se revendique plutôt social mais aussi libéral. Les résultats de la dernière présidentielle confirment cette nouvelle sociologie électorale : François Hollande a dépassé 60 % des suffrages dans les grandes villes, et 70 % dans les banlieues. Par bonheur pour la gauche, les campagnes conservatrices voient chaque année leurs nouvelles générations émigrer en ville dès le baccalauréat en poche. Une mutation irrésistible conduit les zones rurales à une véritable désertification. Et les socialistes n'ont aucun intérêt électoral à s'opposer à ce mouvement.

Pour traduire cette révolution démographique dans les urnes, il leur suffit d'appliquer les lois arithmétiques. Première trouvaille de la nouvelle loi ? On fait entrer la politique dans les petites communes. En dessous de 3 500 habitants, elles étaient jusqu'ici épargnées par les luttes et les joutes idéologiques, avec un maire généralement « modéré » qui réglait les problèmes collectifs avec son seul bon sens comme repère idéologique.

Le seuil de ce qu'on appelle le « droit commun » passe à 1 000 habitants. Désormais, ces localités ont

Des prestidigitateurs de génie

droit aussi au scrutin de liste. Ainsi, dans l'Oise, sur près de 700 villages, seuls 32 d'entre eux votaient jusqu'à maintenant à la proportionnelle avec des listes bloquées. Ils seront 144, soit 112 de plus, à s'affronter lors des élections.

Et dans ces petites communes, les socialistes s'emploient, bien entendu, à recruter les futurs candidats dans leur clientèle électorale : enseignants, syndicalistes, retraités de la fonction publique, de la poste ou des chemins de fer... Tous ont une culture administrative, voire militante, qui les rend plus aptes qu'un agriculteur à siéger à la tête d'un conseil municipal. Ils sont aussi plus tôt à la retraite. Et, grâce aux progrès de la médecine, encore en pleine forme et donc heureux à la fois de s'occuper et de devenir les notables de leur petite cité. Pour le PS, l'objectif non affiché mais permanent est de quadriller le territoire hexagonal. Pas un mètre carré ne doit être laissé en jachère, sans que la rose y fleurisse.

Autre innovation? Sur le bulletin de vote de chaque parti, il y a aura deux listes. Celle de la commune et celle de l'intercommunalité : agglo, communauté urbaine ou métropole. Un bouleversement qui ne concerne pas seulement les campagnes mais toutes les municipalités de France, quelle que soit leur taille, d'Obernai, en Alsace, à Grenoble, dans le Dauphiné, en passant par Quimper, en Bretagne : « C'est une vraie révolution qui va intervenir dès les municipales de mars 2014 », indique, l'œil gourmand, Jean-Pierre Sueur, sénateur PS du Loiret et président de la Commission des lois au Sénat. L'électeur est-il au courant ? Qui au final va-t-il élire à l'interco ? Personne n'en sait rien. Peu importe puisque le parti socialiste, lui, s'y retrouve. Nouveauté tout aussi floue pour les départements. Elle concerne l'élection des conseillers généraux. Pour faire des économies, Nicolas Sarkozy avait décidé, dans sa réforme de 2010, de fusionner conseillers généraux et régionaux. Il n'en est plus question. On troque juste le nom. Le conseiller général devient départemental. Le vrai changement se situe ailleurs.

Avec la création du « binôme homme-femme » pour les futures élections cantonales, Manuel Valls remporte son plus beau trophée. Pourtant, le vote de cette révolution dans la géographie de notre République se fait là encore dans l'indifférence générale : « Chaque fois, ils nous prennent par surprise ! Nous n'avons pas les moyens de réagir, pas le temps d'alerter une opinion qui, d'ailleurs, comme la presse, s'en contrefiche. Leur maire, les Français le connaissent, leur député aussi à la rigueur, mais toutes ces histoires de cantons et de grands électeurs sénatoriaux, ils n'y comprennent rien ! », s'indigne Hervé Marseille.

En revanche, au PS, on y a longtemps réfléchi. Les départements, c'est le point faible du dispositif socialiste. La moitié d'entre eux est aux mains de la droite. Et à la tête des conseils généraux, on trouve

Des prestidigitateurs de génie

95 % d'hommes. En tacticien accompli, c'est sur ce terrain que le ministre de l'Intérieur porte son offensive : « Le scrutin binominal est une véritable innovation qui assure l'élection dans chaque canton d'une femme et d'un homme qui se présenteront ensemble. Cela va choquer les conservatismes. Mais c'est maintenir la situation antérieure qui serait choquant. »

Coup de génie, cette réforme de gauche divise les parlementaires de droite. Une femme comme Valérie Pécresse refuse de prendre publiquement position contre l'initiative du gouvernement. Comment pourrait-elle s'opposer à une loi qui permet une spectaculaire avancée pour les femmes ? La France n'est-elle pas la lanterne rouge de la représentation du deuxième sexe dans toutes les assemblées nationales et locales ? Et la droite ne préfère-t-elle pas à chaque élection payer une grosse amende plutôt que de respecter la parité désormais inscrite dans la loi ?

Pourtant, nul dans l'opposition ne doute de la perversité des bonnes intentions de Manuel Valls. A commencer par Christian Jacob, le président du groupe UMP à l'Assemblée nationale : « Il s'agit d'un alibi ! s'écrie-t-il. Ainsi les femmes auraient besoin d'un homme pour se présenter ! C'est une réforme humiliante pour elles. En réalité, le gouvernement utilise l'argument de la parité pour un redécoupage électoral à son avantage. C'est une première mondiale ! Mais si ce système bicéphale n'existe pas ailleurs, c'est qu'il pose un problème. Les deux élus se présentent en couple devant leurs électeurs, ensuite ils exerceront individuellement leurs prérogatives. Donc pour qui vote-t-on, exactement? »

A la tribune, Manuel Valls a beau jeu de clouer le bec des machos plus ou moins avoués et de dénoncer « l'archaïsme » de ses adversaires, mais sur les bancs de l'Assemblée nationale, les socialistes eux-mêmes renâclent à voter un texte qu'ils jugent farfelu et difficile à appliquer. Le président du groupe doit invoquer la discipline du parti : « On nous a expliqué que c'était le seul moyen de sauver la mise en cas de débâcle. »

Car, si le ministre affirme : « Naturellement, je respecterai l'intérêt national! », l'idée est toujours de redécouper les cantons au profit des villes. De quarante, ils passent à vingt. Pas besoin de sortir de Polytechnique, le calcul est vite fait : « Si vous mettez une ville de 10 000 habitants dans un canton de 15 000 personnes, le vieux conseiller général divers droite est automatiquement balayé », explique avec fatalisme Hervé Marseille, avant d'ajouter : « La droite, quand elle est au pouvoir, cherche des solutions pour sauver les villages. La gauche, elle, n'a de cesse de pratiquer l'euthanasie rurale. Elle tue la campagne au profit de la ville parce que l'agriculteur, même retraité, est conservateur. Et si les vieux paysans râlent, les socialistes s'en moquent, ce ne sont pas leurs électeurs. »

D'ailleurs, les parlementaires de l'opposition ne sont associés à aucune réunion. Ce grand charcu-

Des prestidigitateurs de génie

tage de la France est effectué dans le secret le plus absolu : « Nous ne savons rien, s'indigne à son tour le sénateur UMP Roger Karoutchi. Seuls les élus de gauche sont associés à cette entreprise. Nous n'avons aucun contact avec le ministère de l'Intérieur ni avec les fonctionnaires en charge du découpage. Nicolas Sarkozy, quand il a fait sa réforme territoriale, a pris soin de consulter son opposition. Aujourd'hui, moi, sénateur des Hauts-de-Seine, la place Beauvau m'a suggéré de m'adresser au premier secrétaire fédéral socialiste de mon département ! Ils habillent leurs manipulations de grands principes et ils savent très bien qu'ils nous roulent dans la farine. Mitterrand était comme ça. Jospin pire encore. Et François Hollande suit l'exemple de ses deux maîtres à penser. »

Car un socialiste digne de ce nom ne se contente jamais de faire confiance à la divine Providence. Dans toutes les fédérations, désormais, le mot d'ordre est clair : « Affaiblir encore et toujours la droite dans ses fiefs ruraux afin de garder et consolider au Sénat une majorité chèrement conquise. »

Ah ! Ce splendide palais du Luxembourg ! Si méprisé depuis le début de la Ve République. Il est devenu une forteresse considérable, objet de toutes les convoitises. « J'y suis, j'y reste », faisait savoir le général Mac-Mahon aux Anglais qui lui demandaient « Qu'allez-vous faire ? » après la prise du fort Malakoff, une victoire qui mettait fin avec superbe à l'interminable guerre de Crimée. C'est la même consigne qui est donnée aux troupes de la rue de Solferino. Chaque jour ou presque, il y a une nouvelle offensive. Pour commencer, on a changé le mode de désignation des sénateurs par les grands électeurs. Jusqu'ici, dans les villes de plus de 30 000 habitants, on comptait, en plus du conseil municipal, un grand électeur par tranche de 1 000 habitants. Dans la nouvelle loi, ce seuil est abaissé à 800. Pourquoi ? Ben voyons. Parce que 24 des grandes villes de plus de 100 000 habitants sont désormais socialistes. Manuel Valls n'a même pas besoin de ses ordinateurs.

Pour diminuer les effets pervers du scrutin majoritaire qui favorise la droite, il a aussi tout simplement décidé que la proportionnelle s'imposerait désormais dans tous les départements qui élisent au moins trois sénateurs. Bingo ! Là où il y avait trois élus de droite ou centristes, il y aura désormais automatiquement un socialiste. Au final, cela fait sept sièges de plus. Sans rien faire. Le jackpot ! Jospin, Premier ministre, ne cessait de le répéter : « Le Sénat, avec son mode de scrutin qui favorise les campagnes, est un archaïsme ! » Mais même lui n'a pas osé aller aussi loin.

Parfois, dans l'hémicycle du palais du Luxembourg, un sénateur de droite outré se lève pour dire : « Enfin, ça suffit ! Vous vous moquez de nous ! Vous allez aller jusqu'où comme ça ? » Aussitôt, le ministre de l'Intérieur se dresse, tel un diable sorti de sa boîte, et s'offusque avec énergie : « Nous, nous

Des prestidigitateurs de génie

sommes le mouvement, nous représentons la démocratie. Vous, vous incarnez les hommes du passé. » Des éléments de langage qu'il maîtrise parfaitement depuis son stage de quatre ans au cabinet de Lionel Jospin à Matignon.

Et comme si tout cela ne suffisait pas, la gauche s'est aussi, sans attendre, attaquée aux représentants des Français de l'étranger. Une niche électorale de 12 sénateurs élus au troisième degré par 190 grands électeurs qui forment l'Assemblée des Français de l'étranger, elle-même élue par les 2 millions de Français expatriés.

Jusqu'ici, cette assemblée, noyautée par les partis de droite, envoyait plutôt dans l'hémicycle des chefs d'entreprise. Dans la liste, s'y côtoyaient pêle-mêle d'illustres inconnus comme Michel Guerry, ou Jean-Pierre Cantegrit, un promoteur immobilier dont le seul fait d'armes est d'avoir eu un frère qui dirigeait le restaurant Le Récamier, cantine chic des sénateurs. Ce qui ne l'a pas empêché de siéger sans discontinuité depuis 1977, soit plus de trente-cinq ans. Dans la liste, Xavier de Villepin, père de Dominique et ex-directeur de Pont-à-Mousson au Venezuela, est le seul à porter un patronyme un peu célèbre. A part Guy Penne, l'ami de Mitterrand, on n'y comptait pas ou peu de socialistes.

Histoire de bien montrer que tout ce qui concerne le Sénat est devenu priorité nationale, François Hollande, en 2012, à peine élu à l'Elysée, fait nommer au gouvernement une sénatrice des

Français de l'étranger. Par un coup de baguette magique, Hélène Conway-Mouret, enseignante socialiste à Dublin, devient « ministre déléguée auprès du ministre des Affaires étrangères chargée des Français de l'étranger ». Et la nouvelle promue ne tarde guère à lancer une grande réforme destinée à élargir le cercle de l'Assemblée, adoptée *illico* par ses camarades parlementaires. Désormais, les Français de l'étranger sont regroupés par secteurs, ce qui permet de mettre en avant des pays africains où travaillent plus de techniciens et d'ingénieurs acquis à la gauche que de chefs d'entreprise de droite. Le profit de ce nouveau scrutin sera perçu par le PS aux prochaines sénatoriales !

Les sénateurs de droite ne peuvent, une fois encore, que se lamenter en privé de cette pluie de boulets qui déciment leur armée. Autrefois, Nicolas Sarkozy a bien essayé aussi de jouer au plus malin. Mais sans succès. En 2008, une réforme constitutionnelle crée les députés des Français de l'étranger. A l'époque, le raisonnement du maître de l'Elysée est simple : ce qui est bon pour la droite au Sénat doit être meilleur encore à l'Assemblée nationale où onze députés UMP apporteront une force d'appoint non négligeable. On se demande même comment personne n'y a pensé avant alors que les Français de l'étranger réclament depuis des années d'être représentés au Palais-Bourbon.

Hélas ! L'invincible omni-président n'imagine pas une seconde qu'il peut être battu en 2012. Dans la

Des prestidigitateurs de génie

foulée de l'élection présidentielle de François Hollande, la vague rose submerge aussi les « Français d'ailleurs ». Aux législatives, ce sont six députés socialistes, un écolo, un centriste et seulement trois UMP qui sont élus. Et parmi ces trois rescapés de la Bérézina, Thierry Mariani, Alain Marsaud et Frédéric Lefebvre. Le dernier, fidèle haut-parleur de Sarkozy, doit s'y reprendre à deux reprises. Battu une première fois, il est sauvé par le Conseil constitutionnel qui annule l'élection de son adversaire PS. Qu'importe ! Le score est éloquent. La rue de Solferino n'a pas fini d'en rire…

Autre aubaine pour la gauche, pendant que Manuel Valls et ses nouveaux socialistes jouent à l'Assemblée les prestidigitateurs de génie, la droite descend dans la rue contre la loi Taubira sur le « mariage gay ». La réforme, une des propositions-phares inscrites dans le programme de François Hollande, consolide aussi les positions dans les grandes villes. Pour la lancer, nul besoin d'un retour de la croissance. Financièrement, elle ne coûte rien à l'Etat. Et elle peut rapporter gros au parti. 100 000 électeurs sûrs, sans compter les amis, les parents, les collègues… Chaque jour, les homosexuels, hommes ou femmes, se découvrent plus nombreux ! Quelques mois avant les municipales, ce n'est pas rien !

C'est François Hollande qui aurait baptisé la loi : « le mariage pour tous ». Un nom destiné à rassembler le peuple de gauche. Une trouvaille géniale qui va, de nouveau, déstabiliser en profondeur l'opposition. Bien sûr, Noël Mamère, le tonitruant maire écologiste de Bègles, avait déjà célébré l'union d'un couple d'hommes qui avait fait la une des journaux. A la grande joie de l'ancien journaliste de la télé. Mais personne n'imagine alors que, pendant des semaines, les Français vont s'enflammer sur ces mariages homosexuels qui sont déjà légalisés dans une douzaine de pays hautement civilisés de l'Europe, comme la Suède ou les Pays-Bas. En Grande-Bretagne, le débat est bouclé en quelques heures par des sujets de Sa Majesté qui, depuis Oscar Wilde, se sont convertis à une tolérance extrême.

Les débats interminables, les défilés, les banderoles, les drapeaux sur les balcons, les marches silencieuses, les stations de veilleurs debout font apparaître la droite française comme la plus conservatrice et réactionnaire du monde. Un cardinal, Mgr Barbarin, archevêque de Lyon et primat des Gaules, monte au créneau sur les plateaux de télé contre le mariage gay avec des outrances qui déconcertent même une partie de ses fidèles.

Une fois encore, cette grande querelle nationale digne de l'affaire Dreyfus fait le jeu de la gauche. Comble de satisfaction pour elle, la droite a pour porte-drapeau une blonde égérie de pacotille qui répond au nom très improbable de Frigide Barjot dans laquelle le peuple de France ne se reconnaît pas.

Habilement, le président Hollande exprime des réserves sur la future génération, la PMA (procréa-

Des prestidigitateurs de génie

tion médicalement assistée) des homosexuelles réalisées à l'étranger et la GPA (gestation pour autrui) des mères porteuses au service des couples d'hommes. Selon les bons usages socialistes, il s'en remet à l'arbitrage d'une commission, le Conseil national de l'éthique, qui, bien entendu, ne rendra pas son verdict avant les municipales.

Pauvre droite qui paie aujourd'hui son indifférence pour la vie locale ! Pendant des années, Nicolas Sarkozy, par goût, tempérament et ambition ne s'est intéressé qu'aux grandes élections nationales : les législatives et la présidentielle. Quand il était à l'Elysée, on lui a proposé de réformer le scrutin régional, le pire qui puisse exister pour la droite, il a haussé son épaule et répondu : « Toutes les régions ont beau être à gauche, cela ne m'a pas empêché d'être élu. » Oui, mais pas réélu ! Les socialistes, eux, ont bien compris la leçon. Dans l'opposition ou au pouvoir, leur refrain ne change pas : « Prenons tout ce que nous pouvons dans les échelons intermédiaires. Créons des fiefs, tenons des baronnies. La droite au bout du bout n'aura plus rien ! »

4

La perle de la Couronne

La poule aux œufs d'or ! En prenant possession de Paris, les socialistes découvrent, en 2001, qu'ils ont mis la main sur un trésor inestimable. Un budget de 8 milliards d'euros ! La stupéfaction vire vite à l'éblouissement. De quoi gâter beaucoup de camarades et transformer en fonctionnaires des cohortes de militants.

Dans sa campagne, Delanoë a dénoncé la gabegie du règne chiraquien en place depuis vingt-cinq ans. Bertrand, qui n'a pas hésité à défiler en tête de la première Europride accueillie à Paris en 1997, ne cache pas son homosexualité. Six mois avant les élections, il fait son coming out à la télévision dans une émission de M6. Avec lui, pas de famille à faire vivre aux crochets du contribuable ! Sa pétulance fait mouche. Tous les électeurs parisiens sont tenus en haleine, depuis des années, par les affaires et les procédures contre un Chirac menteur et boulimique de frais de bouche. L'imprécateur socialiste promet de mettre fin au train de vie aristocratique de l'Hôtel de Ville.

Heureux comme un socialiste en France

Pourtant, après quelques mesures emblématiques telles que la « Nuit Blanche » et « Paris-Plage » qui lui valent de caracoler en tête de tous les sondages, le chevalier revêtu de probité candide et de lin blanc s'installe avec délices dans les splendeurs du roi Chirac.

Son prédécesseur tant décrié avait un cabinet pléthorique. Le nouveau maire de Paris ne change rien ou presque. Qui le sait ? Delanoë a quarante collaborateurs directs, sans compter les assistantes et les huissiers, plus que le Premier ministre. Après deux augmentations en 2002 puis en 2008, son salaire dépasse les 10 000 euros brut par mois. Sans parler de sa retraite de sénateur. Ni de ses frais de représentation qui s'élèvent à 1 933 euros mensuels.

A l'image du grand Jacques, il case généreusement ses copains dans des emplois dorés qu'on pourrait presque appeler « fictifs » : Hélène de Largentaye, l'épouse d'Olivier Schrameck, ex-directeur de cabinet de Jospin, a eu pendant deux ans un bureau à son nom à l'Hôtel de Ville. Avec le titre de « directeur adjoint de cabinet du maire ». Et le salaire correspondant qu'elle touchait, alors qu'entre 2002 et 2004 elle était de toutes les réceptions à l'ambassade de Madrid où son mari avait été nommé.

Philippe Lamy, frère de François, ministre de la Ville, est membre du cabinet du maire depuis 2001. Il a même été promu en février 2012 inspecteur général, le grade le plus élevé dans la hiérarchie de

La perle de la Couronne

la capitale, sans avoir dirigé une seule mission. Son labeur quotidien ? Il a collaboré à un rapport, rédigé en fait par un autre inspecteur général, sur le processus de traitement du droit au chômage des contractuels et vacataires. Il est aussi membre d'une mission sur les pouponnières de la direction sociale du département de Paris. Activités « maternantes » qui lui ont largement laissé le loisir de participer à la rédaction du livre blanc sur la Défense remis en février 2013 au gouvernement. Et lui permettent aujourd'hui de s'attaquer à une thèse sur le « Club de l'Horloge », un *think tank* de droite. Un travail d'explorateur qui, comme les missiles antiaériens et autres drones, n'a rien à voir avec ses fonctions d'inspecteur à la mairie, mais servira à fournir à ses camarades des arguments irréfutables pour désarçonner leurs adversaires.

Quant à Bernard Gaudillère, désormais adjoint aux Finances et au Budget, il n'en demeure pas moins un très austère fonctionnaire à Bercy, avec un salaire de plus de 100 000 euros par an, complément conséquent à ses émoluments au service de son ami Bertrand.

Evidemment, les trente-six adjoints à la mairie s'emploient à adopter le même train de vie que leur patron. Leurs cabinets peuvent aller jusqu'à une trentaine de collaborateurs et autres chargés de mission. Chaque conseiller a son assistante et puise dans un pool de chauffeurs pour le moindre déplacement. Et cette armée mexicaine dévore allégrement le budget de l'Hôtel de Ville.

Heureux comme un socialiste en France

En dix ans, les dépenses de fonctionnement ont augmenté de 2 milliards d'euros, dont un tiers pour la masse salariale. Les vingt-deux directeurs généraux ont des salaires princiers : ils gagnent 248 000 euros brut par an.

En 2001, on comptait 40 000 agents. Ils sont plus de 50 000 aujourd'hui. Une croissance de 25 %, plus que dans toutes les autres villes. Et pas tous recrutés sur des critères de compétence. Plutôt des normes idéologiques. Lorsque ces contractuels jouent avec diligence leur mission d'agents de renseignements du maire, ils sont titularisés au bout de deux ans.

Quand un conseiller de l'opposition s'étonne : « Mais pourquoi 10 000 nouveaux agents ? », la réponse indignée est toujours la même : « Comment ! Avec toutes les crèches que nous avons créées ! » La réalité, c'est que la gestion de beaucoup de ces crèches a été confiée à des associations ou à des entreprises privées, et ce n'est pas la Ville qui recrute leurs employés. Mais, là comme ailleurs, Bertrand est imbattable ! A Paris, la parole du maire fait loi. Une de ses premières mesures n'a-t-elle pas été de transformer l'appartement somptueusement décoré par Bernadette Chirac en crèche pour les employés de la municipalité ? « Il aura fallu attendre un maire célibataire et homosexuel pour qu'il y ait enfin des crèches à Paris ! », s'est-il alors écrié. Les Parisiennes ont applaudi. Leurs compagnons aussi.

Le génie de Bertrand, c'est la communication. Lors de sa campagne, les Parisiens ont découvert ses envolées d'homme tolérant, fédérateur, irréprochable. Plein de bons sentiments ! Jusque-là, il a beau avoir été élu député de Paris en 1981 et appartenir à la légendaire *dream team* du 18e, 6 % seulement de ses futurs électeurs connaissent son nom. « Le Petit Chose », comme ses copains l'appellent, est toujours le quatrième mousquetaire, dans l'ombre de Lionel Jospin, Daniel Vaillant et Claude Estier : « Jospin avait deux fils qui se chamaillaient : Vaillant et Delanoë, explique un élu PS de la capitale. Mais Bertrand se plaignait d'être toujours le mal-aimé. »

A cet apparatchik zélé, pas un socialiste ne prête un destin national. Lors de la Bérézina de 1986, dépité, il annonce même à son mentor Jospin qu'il renonce à la politique. Il entre dans une agence de publicité où il fait fructifier les relations qu'il a nouées pour le PS avec des entreprises. La réussite venant sur-le-champ, il fonde sa propre agence, Vecteurs 7. Et l'argent tombe en pluie. Il en gagne et il le flambe. Sans craindre d'étaler la richesse toute neuve que lui a procurée la politique, il achète un yacht décoré d'acajou, le *Phédra*, qu'il loue avec ses cinq marins à des clients dorés quand il ne navigue pas lui-même, entièrement vêtu de blanc, en Méditerranée.

Pendant la campagne de 2001, il bluffe son entourage en se fabriquant une identité parisienne à base de gouaille, de lyrisme et d'une once de populisme : « Il n'aime pas l'argent. Il est pour la transparence. » Les bobos, les homos, les écolos, bref les nouveaux Parigos accueillent, comme l'un des leurs, ce pied-noir de Tunisie qui a grandi dans l'Aveyron. Il leur promet « une gestion respectueuse de l'environnement et de l'homme ».

La main sur le cœur, dans son premier discours du trône, il annonce aussi que, en plus de l'audit sur les effectifs, il en lancera deux autres sur la gestion calamiteuse de la droite : un sur les finances, le deuxième sur les marchés publics. Hélas! Si la Chiraquie truquait le nombre de ses électeurs, elle tenait ses comptes avec rigueur. Le cabinet Andersen est formel : sans augmenter les impôts, elle a laissé 600 millions d'euros que les socialistes ont d'ailleurs trouvés dans les caisses. Quant aux marchés publics, après six mois d'investigations minutieuses dans les archives exhumées des caves, le rapport de six cents pages passe à la trappe. On n'en entend plus parler.

Bertrand a mieux à faire que radiographier le passé. Il s'agit maintenant de dépenser une manne tombée du ciel. Dans la Ville lumière où le marché de l'immobilier est florissant, les droits de mutation gonflent son budget à jets continus : de 400 millions d'euros à son arrivée, ils représentent désormais 1,2 milliard d'euros par an. La Ville « qui s'enrichit en dormant », comme disait Mitterrand, n'a jamais aussi bien porté son nom. En matière de frais de mutation, Paris perçoit autant que l'ensemble des collectivités françaises.

La perle de la Couronne

De quoi lancer les grands chantiers, à commencer par le tramway réclamé à grands cris par les écologistes. Le réaliser sur la petite ceinture aurait coûté 40 % moins cher. Mais ses alliés vite surnommés les « khmers verts » se déchaînent, avec à leur tête l'intraitable Denis Baupin : « Le tramway doit passer par le boulevard des Maréchaux car il faut montrer aux Parisiens qu'il prend la place de la voiture ! » Une véritable nuit du 4 Août. Résultat ? Un dépassement de 400 millions d'euros pour un budget qui atteint déjà le milliard d'euros. Bizarrement, la construction du tramway à Paris coûte au kilomètre beaucoup plus cher qu'en province.

Autre grand chantier : les Halles, que l'opposition UMP qualifie déjà de « plus grand scandale de la République ». Au départ, Bertrand veut tout corriger. « Mais d'abord écouter. » Une réunion publique réunit six cent cinquante personnes dans l'auditorium des Halles. Trente-deux architectes sont candidats, quatre sont retenus. Avec ses minuscules tours comme des flacons, au milieu de jardins à thèmes, le Hollandais Rem Koolhaas est le grand favori. Mais la société Unibail, responsable de la commercialisation du Forum des Halles, s'oppose à son projet.

Pour sortir de ce casse-tête diplomatique, la mairie de Paris coupe le marché en deux. On donne les jardins à l'un des quatre lauréats, David Mangin, petit-fils de René Pleven, l'un des grands hommes de la IVe République. Et on lance, pour les bâtiments, un nouveau concours, dont les architectes

Berger et Anziutti sortent gagnants. Ce sera une grande canopée mordorée sur laquelle la pluie doit rebondir comme sur les cimes des forêts équatoriales. Un projet pharaonique qui commence par faire la peau à deux cent quarante arbres abattus malgré les pleurs des riverains : « On peut vous dire qu'ils sont en pleine santé et que ça fait mal », déclare le chef bûcheron à Jean-François Legaret, maire UMP du 1er arrondissement accouru sur les lieux du sinistre à 7 heures du matin. Résultat ? « On a perdu quatre ans », reconnaît Anne Hidalgo. Surtout le devis initial a quadruplé, atteignant le chiffre record de 800 millions d'euros. Pour le contribuable, la note plus que salée dépasse le demi-milliard.

Bizarrement, la société Unibail fait, elle, l'affaire du siècle. Pour un gigantesque centre commercial entièrement rénové, elle ne débourse que 163 millions d'euros. A l'extérieur, sous la canopée, on ne compte pas moins de 6 300 m² de boutiques supplémentaires s'ajoutant au Forum. Autre bonne fortune, elle devient propriétaire de l'ensemble. Dans le contrat initial des Halles signé par Chirac, la Ville récupérait les locaux et le terrain au bout de cinquante-cinq ans. Les socialistes, eux, ont cédé à toutes les exigences d'Unibail. Une anomalie qui scandalise le maire vert du 2e arrondissement : « La puissance publique perd la maîtrise de l'avenir du cœur de la capitale dont elle était propriétaire depuis Haussmann. »

Second mystère de Paris, Unibail touche encore une fois le gros lot avec la tour Triangle, autre

La perle de la Couronne

projet-phare annoncé en 2008 par la mairie. Cette tour unique doit être construite au Parc des Expositions de la porte de Versailles. Aberration architecturale, car on reproduit l'erreur de la tour Montparnasse qui a défiguré la ville avant de devenir le bâtiment le plus haï des Parisiens. Du temps de Chirac, les socialistes étaient opposés à la construction de tours dans la capitale !

Avec Anne Hidalgo, première adjointe en charge de l'Urbanisme et de l'Architecture, le business prend le pas sur l'idéologie. Une nouvelle fois, la mairie s'incline devant Unibail qui, là encore, devient propriétaire du Parc des Expositions alors que, dans le contrat signé en juin 1987, la Ville de Paris récupérait, comme dans les Halles, cette parcelle du patrimoine parisien au terme d'une concession de quarante ans : « Ni le maire ni sa dauphine n'ont daigné s'en expliquer », s'étonne Jean-François Legaret. Détail à prendre en compte ? Le patron d'Unibail, Guillaume Poitrinal, a ses petites entrées à l'Elysée. Il est aussi l'auteur d'un livre intitulé *Plus vite !*. Principe qu'il n'a pas tardé à mettre en œuvre. En janvier 2013, à quarante-cinq ans, fortune faite, il vient de prendre sa retraite.

La politique du logement, c'est l'autre pilier de la campagne municipale. Au départ, Bertrand Delanoë dénonce une crise devenue la préoccupation numéro un des Parisiens. Construire des logements sociaux pour les plus modestes, c'est presque le secret de son élection. Dès 1999, avant même d'entrer en campagne, il critique « la destruction de milliers de logements sociaux, l'utilisation de la politique d'urbanisme pour substituer des couches plus aisées à une population modeste, les familles nombreuses condamnées à l'exode, les 20 000 sans-logis et la disparition de l'artisanat et du petit commerce ».

Depuis 2001, la mairie de Paris aurait investi 4,9 milliards d'euros, relogé 155 000 ménages et financé 70 000 logements sociaux, dont 7 000 rien qu'en 2013, faisant ainsi passer leur pourcentage de 13 % à 20 %, objectif fixé par la loi. Des chiffres mirobolants dont la candidate socialiste se félicite tous les jours dans la presse.

Là encore, la réalité est toute différente. Du chiffre global, il faut soustraire les 16 000 logements financés mais non livrés et les 19 300 encore occupés par leurs locataires initiaux. En fait, on a logé seulement 9 300 personnes. Et encore à un prix record ! Il y avait 100 000 demandeurs de logement en 2001, il y en a 130 000 aujourd'hui. C'est la directrice de l'urbanisme elle-même, Elisabeth Borne, qui innocemment lâche ces cruelles statistiques au cours d'une réunion. Des chiffres qui font si mal que, quelques mois plus tard, le 30 janvier 2013, la gaffeuse est nommée préfète, loin de la capitale, en Poitou-Charentes, en pénitence chez Ségolène Royal.

Comme elle, la droite dénonce le tripotage comptable : « Avant l'arrivée du PS à la mairie, il y avait

La perle de la Couronne

dans les nouveaux logements moitié de logements sociaux, moitié de logements intermédiaires. En 2001, les socialistes ont reconventionné en logements sociaux tout ce parc de logements intermédiaires. Et comme ces derniers n'étaient pas comptabilisés dans la loi SRU, la gauche peut aujourd'hui s'en glorifier. »

Dans les arrondissements chics, la procédure est toujours la même : la Ville rachète de beaux immeubles libres en usant abusivement de son droit de préemption. « Les prix de ces opérations sont vertigineux ! », dénonce le maire du 16e Claude Goasguen. Le 25 octobre 2013, Bertrand Delanoë a inauguré au 60-62 de la rue de Passy une artère où la mode aligne ses plus belles vitrines, un magnifique ensemble de logements où le social est moins visible que le luxe bourgeois : concierge, charmante cour pavée, vieux parquet, cheminées d'époque et même, pour l'un d'entre eux, terrasse en teck. Coût total de l'aménagement, hors foncier : 6,2 millions d'euros pour 29 appartements dont 13 accessibles aux handicapés. Prix de la location : 650 euros, charges comprises, pour 61 m^2 avec vue magique sur la place de Passy et loggia extérieure sur la cour. Les heureux locataires ? Deux auxiliaires de puériculture, deux auxiliaires de vie, une caissière, un chauffeur, un postier, un chef de rang dans l'hôtellerie, un technicien, deux agents de la Ville de Paris…

Pour les municipales de 2014, les coups de pioche devraient pleuvoir dans ce fief de la droite :

350 logements porte d'Auteuil, 100 logements en bordure du bois de Boulogne, 25 logements rue Nicolo et 38 logements rue de la Pompe. Déjà, d'autres programmes sont annoncés boulevard Murat, rue Claude-Terrasse, rue Chardon-Lagache et place Possoz...

Aux anciens locataires, la mairie propose une requalification de leur contrat. Mais très vite, le niveau de l'entretien est en chute libre, ce qui provoque pas mal de départs et l'arrivée de familles plus modestes, autre aubaine pour le PS ! Car ces nouveaux électeurs peuvent changer la donne en faisant basculer un ou plusieurs arrondissements : « Une vraie stratégie programmée. Ils changent à leur profit la population de Paris », dit Jean-François Legaret.

A ces opérations, il faut ajouter, selon un vœu émis par le Conseil de Paris le 15 octobre 2013, la mise en place, dans tous les arrondissements, de structures pour accueillir des familles vivant en campement. Il n'y aurait que 300 Roms dans la capitale alors que l'Ile-de-France en héberge 10 000. Le Premier ministre souhaite que ces campements puissent être installés au bois de Boulogne, une gracieuseté dont le maire UMP du 16e arrondissement, Claude Goasguen, se serait, là encore, peut-être passé...

Quadriller la ville avec les associations, c'est un autre moyen de s'assurer un électorat fidèle. Chaque jour ou presque il s'en crée une à Paris.

La perle de la Couronne

« Dans le 19ᵉ arrondissement, la "Fête des Assos" en rassemble plus de 1 000 », précise Jean-Christophe Cambadélis. Lui-même a sur son blog une rubrique permanente : « L'Assos du jour ».

Dans le budget de la mairie, les œuvres sociales ont progressé de 48,5 % ces dernières années. Une enveloppe de 2 milliards d'euros passant de 8 % à 24 % du budget de la Ville. Avec la réforme des rythmes scolaires, mise en place par Vincent Peillon, la gabegie s'est encore accélérée. En juillet 2013, c'est 7 650 000 euros qui ont été versés à 354 associations destinées à occuper les enfants sans que les élus de la capitale aient eu connaissance du nom, de l'adresse et du siège social des bénéficiaires. L'opposition s'en est plainte auprès du préfet de région en demandant que ces subventions soient requalifiées en « marchés publics ».

Le préfet Daubigny a renvoyé le litige à la justice mais il a mis en garde la mairie de Paris : « Compte tenu de l'absence de ressources propres des associations, il pourrait être considéré que les sommes versées devraient être regardées comme le versement d'un prix et non comme des subventions... Telle est l'observation que je crois devoir vous communiquer pour assurer une meilleure sécurité juridique aux actes que vous prenez. » En attendant, les 7 millions des contribuables parisiens sont partis... dans la poche des associations amies : « Avec les socialistes, le régime des copains, pour ne pas dire des coquins, fonctionne d'autant mieux qu'ils ont évidemment supprimé de la liste de ses bénéficiaires toutes les associations du régime précédent », s'exclament, écœurés, les élus UMP.

Dernier coup de Jarnac ? La nouvelle répartition des conseillers dans les arrondissements. Mais cette fois, la faute à qui ? A la droite « la plus bête du monde » ! Explications ? Depuis 1982, la loi Defferre prévoit au minimum trois conseillers par arrondissement parisien. Avec les fluctuations de population, il fallait revoir cette répartition. Au printemps 2013, le nouveau découpage réalisé par Manuel Valls supprime trois sièges dans des arrondissements tenus par la droite : 7e, 16e et 17e.

C'est là que l'incontrôlable sénateur et conseiller de Paris, Pierre Charon, prend la tête d'une fatale croisade. Avec les parlementaires UMP de la capitale, il dépose un recours auprès du Conseil constitutionnel qui, le 16 mai 2013, répond en exigeant une refonte complète du tableau électoral de Paris.

Les ordinateurs de Beauvau se remettent aussitôt à l'ouvrage. Cette fois, ce n'est plus trois sièges mais six qui sont supprimés ! Le nouveau projet est déposé à l'arraché par Jean-Jaques Urvoas, président PS de la commission des lois de l'Assemblée. Hélas ! Dans sa précipitation, le député breton oublie de l'inscrire en procédure d'urgence. Une gaffe rattrapée *in extremis* par son camarade du Sénat, le doctoral Jean-Pierre Sueur, qui se vante d'avoir rendu un fier service au gouvernement. Mais surtout à la candidate Hidalgo.

La perle de la Couronne

Car si cette loi conserve à la droite son siège du 16e, elle supprime deux conseillers sur trois dans le 1er, un dans le 2e, un dans le 4e, un dans le 7e, un dans le 17e, tous arrondissements réputés bourgeois, riches mais pas forcément bohèmes. Par magie, ces sièges réapparaissent dans les quartiers populaires des 10e, 15e, 18e, 19e et 20e : « En tout, nous devrions en perdre quatre sur les six », explique un Jean-François Legaret, amer. De l'art de se tirer une balle dans le pied avec son propre fusil. Le député de Paris Bernard Debré a bien menacé de déposer un nouveau « recours au premier recours ». La riposte de Manuel Valls et de Bertrand Delanoë est musclée : « Dans ce cas, on vous inflige un nouveau découpage, là ce sont douze conseillers que vous perdrez. Et on divise Paris en secteurs comme Marseille. »

Mais les socialistes sont eux aussi sujets à des faux pas. Dès son arrivée, imprudemment, Bertrand Delanoë a promis d'écarter sans pitié quiconque serait placé sous l'œil de la justice. Depuis, Mireille Flam, militante socialiste nommée à la Direction stratégique des marchés publics, a été, hélas à plusieurs reprises, mise en examen et a même été placée en garde à vue en 2009. Elle est soupçonnée d'avoir fait falsifier par le service juridique de la Ville un appel d'offre favorisant la société Derichebourg qui détient désormais le plus gros marché pour le ramassage des déchets de la Ville de Paris et donc de France, voire d'Europe : 200 millions d'euros.

Heureux comme un socialiste en France

A la justice, l'adjointe au maire a déclaré tout simplement avoir « des trous de mémoire ». Les juges sont venus interroger Bertrand dans son bureau à son sujet. Mais, inexplicablement, l'enquête traîne en longueur. Il a fallu trois ans au parquet de Paris pour découvrir que Mme Flam était mariée et que son époux était un « haut magistrat » fort connu. Le juge, Gilbert Flam, également socialiste, s'est en effet acharné pendant des années à découvrir un compte bancaire de Jacques Chirac au Japon. Elle est aussi la mère d'un conseiller de campagne de François Hollande qui vient de le nommer directeur général du « logement social et très social ». Aux prochaines municipales, Manuel Flam, promis à un brillant parcours, va se présenter à la mairie de Châteauroux.

Prestement éjectée de celle de Paris, Mireille Flam a été recasée comme présidente de la société d'économie mixte qui gère les terrains de Rungis. Quant à Lyne Cohen-Solal, connue pour avoir occupé un emploi fictif à la communauté urbaine de Lille, elle est toujours adjointe au maire de Paris.

Peu importe ! L'ancien apparatchik, formé à la pub, conçoit la politique aujourd'hui comme un show, ce à quoi Jacques Chirac, mal à l'aise sous les feux de la rampe, n'a jamais voulu se résoudre. A la Direction de la communication, les effectifs, qui étaient de 118 personnes sous le règne RPR, ont doublé au cours des deux mandats Delanoë. Sans compter les correspondants politiques dans les direc-

La perle de la Couronne

tions de la Ville. Le maire en a nommé 114, tous chargés de porter la bonne parole. Et ces jeunes gens, venus de nulle part, qui n'ont parfois que le bac, donnent des ordres aux fonctionnaires chevronnés !

Pourtant, à l'Hôtel de Ville, malgré des effectifs pléthoriques, la Direction de la communication ne peut pas faire que des miracles. La vraie nature de Bertrand Delanoë, les Parisiens et beaucoup de Français l'ont découverte avec effarement lors de la candidature de Paris aux jeux Olympiques. Sa grande bataille, dont il espérait sortir en héros national : « Dès 2004-2005, la ville ne l'intéresse plus. Il est sur un autre schéma. Il veut un destin national », dit un de ses adjoints. Hélas, ce n'est pas Austerlitz. Plutôt Waterloo. La campagne est désastreuse, et son échec déclenche une de ses fameuses colères qui, tout à coup, dans la presse nationale et internationale, réduit le maire de Paris au triste personnage de mauvais joueur.

Ses adjoints connaissent, depuis quarante ans, ses phénoménales éruptions qui font régulièrement trembler les murs de l'Hôtel de Ville. Les camarades d'Avignon gardent, eux, un souvenir épouvantable de son incursion dans la « cité des papes » où il a tenté de se parachuter en 1986 après avoir été battu à Paris. Les militants locaux l'ont renvoyé *illico presto* après avoir subi ses colères, son autoritarisme et ses méthodes staliniennes.

Nul n'a jamais pu connaître les ressorts profonds de ce grand élu « caractériel, nombriliste, insupportable, méprisant, cassant »… pour ne citer que quelques épithètes lancées tant par ses adversaires que par ses alliés. En bon politique, il ne s'attaque jamais ni à des ennemis ni à des supérieurs hiérarchiques dans le parti, ce sont ses collaborateurs qui trinquent. On en voit sortir de son bureau en larmes.

Après la victoire de François Hollande, c'est la débandade. Les plus brillants trouvent un refuge plus calme à l'hôtel Matignon. « Aujourd'hui, tous ses amis sont partis. Il est seul. Très seul », assure l'un d'entre eux. A Paris, il n'a pas réussi à fédérer un clan autour de lui. Au sein des socialistes, il n'a jamais voulu créer un courant.

Anne Hidalgo, en 2001, il ne la connaît pas. Mais il veut une femme. Là encore un choix stratégique dans une capitale où l'on compte de plus en plus d'électrices avec ou sans enfants. Il nomme première adjointe cette ancienne inspectrice du travail en pensant qu'elle ne lui fera pas d'ombre. Pendant des années, il se décharge sur elle de tous les dossiers épineux. Mais il ne lui confie aucune délégation. Elle veut devenir sénatrice ? Il refuse. Hollande veut en faire sa porte-parole dans la campagne ? Il s'y oppose aussi : « Reste à Paris et je t'aiderai. » Comme dans toutes les mairies de gauche, le scénario est écrit : pour faciliter son élection, il doit remettre à sa dauphine les clefs de la ville à mi-mandat.

Cela tombe bien, après les JO et ses fureurs démesurées, l'homme s'est mis à rêver d'une autre apogée. Il lui faut le parti socialiste, et pourquoi pas l'Elysée, et mêmes les deux, seules échéances dignes de ses ambitions. Depuis sa réélection, aisée, à la mairie de Paris, il se présente désormais en manager, à l'image de ses nouveaux amis Decaux ou Lagardère... Ce qu'il a fait pour l'une des plus grandes villes du monde, il peut le faire pour la France. Peu importent les dépenses folles et la dette qui dérape de 1 milliard en 2001 à 4 milliards en 2013 ! Le « 104 », centre culturel élitiste boudé par les Parisiens, le stade Jean-Bouin, dont la facture s'élève à 157 millions d'euros pour seulement 20 000 places, ou la Philharmonie, une salle de concert dont le devis initial était de 120 millions d'euros et dont le coût réel a plus que triplé.

Première étape, Bertrand se lance à la conquête du parti socialiste dont François Hollande quitte la direction. Le camarade Delanoë ne manque pas d'atouts : il est plus populaire dans le parti que ses rivales déclarées, Ségolène Royal et Martine Aubry qui, toutes deux, sont dotées du même caractère impossible. Les sondages le donnent favori. Dès le premier tour, il pourrait passer la barre des 50 % !

Hélas, le résultat des urnes est sans appel : 29 % pour Ségolène, 25 % pour le maire de Paris qui rêvait d'un sacre. A la tribune, le visage chiffonné, il ne parle même plus de candidature. Il veut qu'on le supplie comme de Gaulle à Colombey. C'est le message qu'il fait passer à la puissante fédération du Pas-de-Calais. Daniel Percheron, le faiseur de roi, s'y refuse : « Ce n'est pas à moi mais à lui de se déclarer candidat. »

Mauvaise pioche aux primaires, trois ans plus tard, il choisit la perdante : « Je vais soutenir Martine Aubry parce que je pense que c'est une femme d'Etat... celle qui est le plus en situation. » Comment s'étonner qu'aujourd'hui ses relations avec François Hollande ne soient pas au beau fixe ? « Le plus dur pour lui est de voir les socialistes au pouvoir. Et ne peser sur rien », dit un de ses camarades.

Dans son grand bureau, Anne la dauphine, elle, s'impatiente. En 2012, le patron de Paris aurait déjà pu entrer au gouvernement. La Culture ? Il refuse. Il veut un grand ministère régalien, comme la Justice. Mais là encore, parité oblige, il faut le donner à une femme... Enervée par ces contretemps, l'adjointe au sang ibérique déclare sans plus attendre sa candidature. Sans passer par la case primaire, qu'elle n'est pas assurée de gagner face à Jean-Marie Le Guen, elle part en campagne.

Hélas, elle n'a pas les atouts de Bertrand. Ni la notoriété ni la tchatche. Ni ce lyrisme socialo-intello qu'il a encore manifesté lors de l'inauguration du cinéma Le Louxor à Barbès : « C'était un chancre qui contribuait à la désespérance... La culture, c'est la fraternité... Laissons la vie s'emparer de ce lieu... ! », s'écrie-t-il devant toute la presse, les élus du 18e, les associations du quartier enthousiastes et une Anne Hidalgo muette et confinée au milieu des adjoints. La facture est de 25 millions d'euros, mais

La perle de la Couronne

nul ne songe à dire que c'est de l'argent mal placé. Pas plus que l'aménagement des berges de la Seine.

Paris a besoin de flamboyance, d'éclat, de fêtes ! Delanoë a été un homme providentiel pour les socialistes, étonnés de la conquête de cette capitale qui n'a jamais été à gauche depuis la création de Lutèce. La garder est, pour eux, le défi des municipales. Et pour conserver ses fiefs, le PS au pouvoir a plus d'un tour dans son sac…

5

Une couche de plus au millefeuille

La métropole, c'est une ingénieuse mais coûteuse trouvaille des socialistes pour asseoir leur pouvoir sur les plus grandes agglomérations urbaines de France. Alors que nous avons un millefeuille administratif unique au monde et déjà plantureux, leurs députés viennent de voter cette riche cerise sur le gâteau en plein été 2013, dans une de ces séances de nuit réservées aux seuls initiés.

La France compte à elle seule près de la moitié des communes de l'Europe à 28, trois fois plus que l'Allemagne et quatre fois plus que le Royaume-Uni. Au-dessus, agglomérations, communautés urbaines, départements et régions... se sont empilés, au fil des années, les uns sur les autres. Aujourd'hui, plus personne ne sait qui fait quoi ni où va l'argent des contribuables dont les feuilles d'impôts locaux ne cessent de gonfler. Une exception française ruineuse pour la collectivité, car les effectifs grossissent au même rythme.

Le président de la République a bien promis de faire des économies publiques. Mais chez les socialistes, l'intérêt du parti est sacré. La métropole, c'est une nouvelle superstructure qui va coiffer les trois plus grandes villes de France : Paris, Lyon et Marseille. Après d'innombrables palabres et navettes entre les deux assemblées, les parlementaires de la génération Hollande ont décidé à l'automne 2013 de l'étendre aux villes de plus de 400 000 habitants : Bordeaux, Rouen, Toulouse, Lille, Strasbourg, Nantes, Grenoble et Rennes. « Cela en fait huit de plus. On n'a pas mis dans la liste des villes comme Dijon, Orléans, Tours… », précise le président de la Commission des lois du Sénat, Jean-Pierre Sueur, mais sans en expliquer les raisons.

Cette nouvelle couche au millefeuille, qui représentera plusieurs millions d'électeurs, nécessitera bien sûr la construction de nouveaux sièges avec présidents, cabinets, voitures de fonction et frais de bouche, l'embauche de centaines de fonctionnaires ou au mieux leur reclassement. Une gabegie financière qui laisse pantois alors que la France croule sous la dette publique. Et tout cela au nom de la modernisation !

Bizarrement, les mêmes socialistes dans l'opposition ont voté contre une loi qui, du temps de Sarkozy, prévoyait une métropole qui ressemblait comme une sœur à celle qu'ils vendent aujourd'hui comme un grand progrès démocratique. En fait de démocratie, les élus locaux concernés au premier chef ont à peine été consultés.

Une couche de plus au millefeuille

A Lyon, l'accord s'est fait après deux déjeuners gastronomiques entre le sénateur-maire socialiste Gérard Collomb et le président du conseil général du Rhône Michel Mercier, centriste et ancien garde des Sceaux de Nicolas Sarkozy. Alliance entre la carpe urbaine et le lapin rural. « Un coup d'enfer ! », se réjouissent les camarades. Car la métropole de Lyon concentrera entre ses mains les pouvoirs du maire, du président de la communauté urbaine et du conseil général. Et Michel Mercier ? Il n'aura plus dans son domaine que les petites communes. Autant dire un conseil général vidé d'une grande partie de ses prérogatives. Pourquoi a-t-il accepté ? Pour être sûr d'être réélu.

A Marseille, l'entente a été sensiblement moins cordiale. Tous les maires de la future métropole dénoncent avec force le projet qui les prive d'une grande partie de leurs prérogatives et ne leur laisserait, en gros, que la gestion des déchets et les cantines scolaires. La plus remontée ? La maire UMP d'Aix-en-Provence, Maryse Joissains-Masini, qui a exigé que la métropole prenne le nom d'Aix-Marseille. Quant au président socialiste du conseil général des Bouches-du-Rhône, le sulfureux Jean-Noël Guérini, moins conciliant que son collègue UMP Michel Mercier, il a voté au Sénat contre le projet de métropole de ses camarades, entraînant dans sa fronde les cinq autres sénateurs PS des Bouches-du-Rhône.

A Paris, c'est entre socialistes que les accords se sont noués sans que la droite ait pu seulement pousser un soupir. Autour de la table, il n'y avait que du beau linge rose : Anne Hidalgo, candidate à la succession de Bertrand Delanoë à la mairie de Paris, Jean-Paul Huchon, président de la région Ile-de-France depuis 1998, et les parlementaires du PS avec à leur tête le président de l'Assemblée nationale, Claude Bartolone, intéressé au premier chef par cette construction des temps modernes.

Le grand architecte de ce monstre technocratique, prévu pour 2015, après les municipales, c'est lui. Il n'est pourtant pas énarque. Claude Bartolone a été autrefois ministre délégué à la Ville dans le gouvernement Jospin. Jusqu'à son ascension au perchoir du Palais-Bourbon en 2012, il possédait aussi une autre casquette, bien mitée, celle de président du conseil général de Seine-Saint-Denis, le tristement célèbre 9-3 qui détient le record de l'endettement : au classement, il est le 98e département de France juste avant le Tarn. Dans ses caisses en forme de panier percé, on trouve 330 millions d'euros d'emprunts toxiques. Mais surtout, il concentre une proportion effroyable de mal-logés qui vivent dans des conditions inacceptables. Pour financer les futurs logements sociaux, le rusé Bartolone n'a rien de trouvé de mieux que d'annexer les terres de son voisin communiste, le Val-de-Marne, et de faire payer les Hauts-de-Seine, département le plus cousu d'or de France et même d'Europe. L'ancien trésor de Charles Pasqua et de Nicolas Sarkozy. C'est ce qu'on appelle la péréquation.

Une couche de plus au millefeuille

La future métropole, qui verra le jour le 1ᵉʳ janvier 2016, va en effet coiffer la capitale et les trois départements limitrophes de la petite couronne : Seine-Saint-Denis, Hauts-de-Seine et Val-de-Marne. Avantage politique, cette nouvelle géographie regroupe les villes et communes urbaines présumées à gauche et écarte les zones rurales et conservatrices de la grande couronne. « Son conseil sera composé des **élus** municipaux de Paris et des représentants des 124 communes de banlieue », s'enthousiasme Christophe Caresche, député du 18ᵉ et Monsieur Logement d'Anne Hidalgo qui a porté le projet sur les fonts baptismaux. Et parmi eux, un tiers des sièges **réservés** aux Parisiens. Quant au premier président, choisi en leur sein, il sera, selon toute probabilité, socialiste, grâce aux élus de Seine-Saint-Denis et du Val-de-Marne. Du travail d'artiste !

Le texte a été rédigé en catimini par Jean-Marie Le Guen, député du 13ᵉ arrondissement et ancien premier secrétaire de la fédération de Paris, avec la collaboration d'Alexis Bachelay, un fonctionnaire élu député des Hauts-de-Seine dans la dernière **vague de** 2012. Quinze minutes avant l'heure limite, **à minuit** moins le quart, le gouvernement a glissé un amendement tombé du ciel sur l'élection au suffrage universel, à partir de 2020, des **futurs** présidents de toutes les métropoles de France. Celles-là **et celles** à venir.

La droite, condamnée une fois encore à regarder passer le train de cette réforme, se résigne déjà à voir un socialiste s'asseoir dans ce nouveau fauteuil. Les volontaires se bousculent. Jean-Marie Le Guen, leader de la gauche à l'Hôtel de Ville sous Chirac, était tout naturellement candidat à la succession de Bertrand Delanoë. Par quel miracle s'est-il effacé de la course à la mairie au profit d'Anne Hidalgo ? A l'Elysée, on lui aurait fait espérer la présidence de la métropole. Les mauvaises langues socialistes ajoutent que, si jamais la candidate socialiste perdait les élections municipales, elle pourrait aussi s'emparer de la place. Bertrand Delanoë, au cas où il ne serait pas nommé ministre dans un prochain gouvernement, y trouverait aussi son lot de consolation.

Et quelle consolation ! Car cette nouvelle entité géographico-administrative sera notamment responsable de l'habitat, de la gestion de l'environnement et de l'aménagement du territoire dans ce gigantesque espace où 70 000 logements doivent être construits chaque année. Avec quel argent ? Ni la ministre de la Décentralisation, Marylise Lebranchu, ni Matignon, ni la Commission des lois du Sénat, en votant la loi, n'étaient en mesure de préciser de quelle manière serait établi le budget des nouvelles métropoles. Recettes et dépenses. Signe que le dossier a quelque chose de louche, le débat sur les ressources budgétaires de la future plus grande intercommunalité de France est reporté à des ordonnances ! La droite, sans illusion, parle déjà d'une « bombe à retardement » fiscale.

Evidemment, ce big bang politique ne s'est pas fait sans pleurs ni grincements de dents. A l'origine,

Une couche de plus au millefeuille

c'est Bertrand Delanoë qui en a eu l'intuition. Dès 2001, année de son élection, le maire de Paris se trouve trop à l'étroit pour édifier de nouveaux immeubles. Il manque de terrains constructibles dans la capitale. Mais il voit large. Son projet veut incorporer la grande banlieue, c'est-à-dire toute la région Ile-de-France. Jean-Paul Huchon s'étrangle à cette perspective qui ferait de lui un roi sans... grande ni petite couronne.

Il n'est pas le seul. Au Sénat, la droite et les communistes pour une fois alliés retoquent le projet de Bertrand Delanoë. Du coup, boudeur, le maire de Paris se retire du jeu. « Nous, parlementaires socialistes, avons tenté de proposer un autre périmètre autour de Paris, vaste mais plus restreint. Anne Hidalgo y a tout de suite adhéré. Le gouvernement nous a entendus », explique Christophe Caresche. Et aussi l'Elysée qui veille au grain des échéances électorales. Cette fois, le président de la région Ile-de-France, Jean-Paul Huchon, est bien obligé de s'incliner : « Il ne désespère pas d'être réélu, même s'il lui manque un bras et un œil. Il ne va surtout pas se fâcher avec François Hollande alors que plusieurs de ses camarades lorgnent sur cette présidence, véritable caverne d'Ali Baba », dit en rigolant un maire de droite des Hauts-de-Seine.

Mais la révolte gronde sur les bancs de l'opposition UMP et communiste à l'Assemblée nationale et au Sénat. Lors d'une séance de questions, un échange musclé témoigne de l'indignation des élus devant cette réforme menée à la hussarde. François Asensi, député communiste de Seine-Saint-Denis, s'écrie en plein Palais-Bourbon : « Monsieur le Premier ministre, le projet de loi sur les métropoles est un coup de force au cœur de l'été. Après Marseille, c'est au tour de Paris, sans aucune concertation après trois jours seulement de débats, vous tentez d'imposer la création d'un monstre technocratique métropolitain qui confisquerait les pouvoirs des collectivités. Dans cette recentralisation réactionnaire [...], à quoi serviront les maires dépouillés de leurs compétences ? La région sera marginalisée. Les départements de petite couronne auront vécu. Les intercommunalités seront balayées et avec elles leurs projets novateurs et solidaires. » Mais le plus fâché, c'est son ami Patrick Braouezec, ancien député-maire communiste de Saint-Denis et président de l'agglomération Plaine Commune : « Ils lui ont déjà barboté sa circonscription en 2012, là il perd l'agglo, normal qu'il soit hystérique », disent ses anciens collègues. Avant d'ajouter : « Les socialistes auraient bien aimé aussi supprimer les départements mais ce n'était quand même pas possible de priver les communistes de leur garde-manger du Val-de-Marne. Le PC dans le 94, c'est huit députés, un département historique, celui de Georges Marchais. »

A l'autre extrémité de l'échiquier politique, la droite n'est pas moins ulcérée. Et Pierre-Christophe Baguet, maire de Boulogne-Billancourt, publie le

Une couche de plus au millefeuille

26 juillet 2013 un véhément cri d'alarme dans *Le Figaro*, cosigné par les six maires de l'Ouest parisien, notamment André Santini, député-maire d'Issy-les-Moulineaux, et François Kosciusko-Morizet, maire de Sèvres et père de la désormais parisienne NKM. Du jamais-vu !

« Dans cette nouvelle configuration, les intercommunalités deviendraient des sortes de super-arrondissements, et les communes seraient vidées de toute leur substance. […] Ce nouvel objet institutionnel non identifié, façonné à la hâte sous les ors de la République et à l'abri de tous les regards, […ces] procédés d'un autre âge battent en brèche la célébration des communes et leur autonomie, ainsi que la forte dynamique ascendante des territoires. L'Histoire nous apprend pourtant que toute réforme […] qui verrait […] les élus locaux écartés puisque impuissants s'exposerait à de sérieuses déconvenues », se révoltent ces maires de la région parisienne. Et ils ajoutent : « Un retour en arrière qui verrait Paris imposer à la banlieue ses logements sociaux, ses cimetières, ses ordures ménagères, ses entrepôts serait totalement inacceptable. Dans le même ordre d'idée, espérer qu'il soit possible de balayer d'un revers de main dix années d'intercommunalité […] constituerait […] une faute lourde que l'Histoire retiendra. »

Car, au sein des intercommunalités que le PS est soupçonné de condamner à mort, les élus locaux, de toutes sensibilités politiques, ont appris à travailler ensemble, au service des habitants. Hervé Marseille s'étonne d'ailleurs que pas un élu n'évoque leur cas : « Vous faites disparaître les agglos mais vous faites quoi des fonctionnaires qui y travaillent ? Cela représente 10 000 personnes qui, à juste titre, s'inquiètent. A quelles tâches vont-elles être affectées dans cette métropole qui ressemblera à un monstrueux paquebot ? Certains, et parfois les meilleurs, quittent déjà le navire pour aller ailleurs, ce qui provoque pour nous des problèmes de gestion. » Autre question épineuse, et celle-là de taille, le déséquilibre des communes qui vont cohabiter. Après la capitale qui compte plus de 2 millions d'habitants, la première ville d'Ile-de-France, c'est Boulogne-Billancourt, avec seulement 110 000 habitants. A Issy-les-Moulineaux ou Meudon, on en compte à peine la moitié.

Des citoyens qui pourraient s'indigner s'ils n'étaient pas eux aussi victimes de la rapidité avec laquelle cette loi est votée sans aucune explication. Une fois encore, personne n'y comprend rien. Car Paris et sa région sont devenus un salmigondis d'administrations qui s'enchevêtrent dans tous les sens. Et il faut vraiment être un spécialiste des questions territoriales pour ne pas s'y perdre, notamment en ce qui concerne les appellations. Car à côté de cette nouvelle métropole de Paris, il y a aussi Paris Métropole, un syndicat mixte d'études créé en 2009 par Bertrand Delanoë pour réfléchir à l'organisation de l'espace francilien.

Une couche de plus au millefeuille

Dès son arrivée à l'Elysée, Nicolas Sarkozy a, lui, lancé son « Grand Paris », destiné à faire entrer son nom dans l'histoire. Petite et grande couronne, l'ancien député-maire de Neuilly en connaît tous les détours. De 1983 à 1988, il a été conseiller régional d'Ile-de-France et, de 2004 à 2007, président du conseil général des Hauts-de-Seine. Le « Grand Paris » sera sa Pyramide du Louvre, son musée des Arts premiers...

Le 18 mars 2008, il nomme secrétaire d'Etat chargé du Développement de la région capitale Christian Blanc, ancien préfet de Seine-et-Marne, l'homme qui a fait sortir Disneyland des champs de patates de l'Est parisien. Au programme du nouveau ministre : des zones de développement économique autour de grands pôles stratégiques avec des objectifs de croissance de 4 % en dix ans et 80 000 créations d'emplois par an.

En Conseil des ministres, Nicolas Sarkozy s'enflamme : « Nous en avons tellement besoin, quand Londres, New York, Shanghai, et toutes les grandes métropoles du monde doublent de volume. » Il réclame un nouveau métro, des grands projets d'architecture, des murs végétaux... Un conseiller élyséen décrypte : « Le "Grand Paris" est un moyen d'imaginer la France dans vingt ans, de remobiliser le pays autour de nouvelles cathédrales. » Les plus grands architectes se mettent à l'œuvre. Avant d'être désœuvrés. Depuis 2010, le « Grand Paris », revu à la baisse, ne prévoit plus que la création d'un métro automatique autour de la capitale, le « Grand Paris Express ».

Un maire de la petite couronne s'inquiète : « Nous avons donc maintenant trois entités : la métropole pour l'organisation territoriale, le "Grand Paris" pour les transports, et la région pour les entreprises. Ainsi, là où on va construire des logements, ce n'est pas forcément là où on va implanter les transports et les entreprises ! Où est la cohérence dans ce nouveau millefeuille ? »

Devant la levée de boucliers, les nouveaux socialistes du Parlement ont dû reprendre les plans de cette usine à gaz qui menace d'être une machine infernale dès sa mise en vigueur, prévue le 1er janvier 2016.

Car les conseils généraux des trois départements restent en place. Du moins pour l'instant. Et si les intercommunalités disparaissent, elles renaissent sous le nom de « territoires » regroupant 200 000 habitants avec à leur tête des Conseils de territoire. Mais quelles seront désormais leurs compétences ? Et qui va payer ? Quand on pose la question brûlante : « La métropole va-t-elle engager des dépenses de fonctionnement supplémentaires ? », Jean-Pierre Sueur répond : « J'espère que non ! » Comment avouer que l'objectif de l'opération n'est pas de faire des économies mais, pour les socialistes, de prendre pied chez leurs voisins du Val-de-Marne et des Hauts-de-Seine ?

6

La grande épicerie

Avec un budget de près de 5 milliards d'euros, 4 730 millions exactement, la région Ile-de-France est la plus riche du pays : « C'est une grande épicerie, dit l'ancienne ministre du Budget Valérie Pécresse, chef de file de l'opposition UMP. Il faut parcourir les rayons et dire ce qu'on veut. » Voyages au bout du monde, subventions incontrôlées, bureaux somptueux, fonctions plus ou moins fictives à la Communication ou au Tourisme, centre dispendieux pour l'égalité femmes-hommes, palais du design destiné aux jeunes créateurs… On y trouve de tout. La somptueuse boutique est superbement achalandée. Les clientes s'y pressent. D'autant que tout est gratuit. Les premières servies sont les associations. On en compte 3 450 sur le fichier officiel des bénéficiaires de subventions de la région. Un record mondial. Et certaines peuvent venir de très loin, Mali, Brésil ou Philippines…

A la tête de ce merveilleux établissement depuis seize ans, le patron, Jean-Paul Huchon, a la réputation de ne jamais dire non, pas même aux demandes les plus farfelues. A Nouakchott, en Mauritanie, la région a donné 200 000 euros pour un festival de musiques nomades : « C'est une farce ! », s'est écrié en pleine séance Roger Karoutchi, premier adjoint UMP aux finances. Non, lui a répondu le plus sérieusement du monde Jean-Paul Huchon : « Pendant ce festival, il y aura des ânes avec des couvertures portant le logo de notre région. » On lui rétorque : « Mais il y a combien de Mauritaniens qui connaissent le logo de l'Ile-de-France ? » Un logo qui a d'ailleurs été récemment redessiné pour la bagatelle de 400 000 euros malgré son design plutôt sommaire : huit rayons pour les huit départements de la région autour de la capitale avec en creux une tour Eiffel stylisée. Baptisé « marque de territoire » par le président Huchon, il devait être inauguré officiellement en juillet 2013 au théâtre de la Gaîté-Lyrique, avant que la soirée prévue, avec de nombreux invités et de plantureux buffets, ne soit précipitamment annulée par des partenaires, comme la mairie de Paris, peu enclins à être associés à ces folles dépenses. Depuis, le logo est d'ailleurs passé aux oubliettes. Mais non la facture destinée aux contribuables !

Autre scandale pris au hasard ? Le Chili a reçu, depuis 1998, plus de 4,5 millions d'euros, le groupe UMP parle même de 7 millions, pour la création d'un musée Salvador Allende, la construction d'une piste cyclable et une poignée de manifestations culturelles très éloignées des préoccupations des

La grande épicerie

chômeurs de l'Ile-de-France. Pourquoi ? Tout simplement parce que Jean-Paul Huchon était présent à Santiago lors de la mort tragique du président chilien et que cela a constitué l'événement fondateur de son engagement militant. En 2013, il a d'ailleurs tenu à ce que les communes de sa région célèbrent dignement le 40ᵉ anniversaire de cette disparition. Là encore, ce sont 74 321 d'euros qui ont été votés en commission permanente.

Cette fois comme les autres, la droite s'est élevée contre cette débauche de générosités : « Mais ils s'en fichent, ils nous répondent : nous avons été élus sur une politique et on s'y tient. » D'ailleurs, Julien Dray, vice-président à la Culture, n'en démord pas : « On pourrait faire beaucoup plus ! » Car si une association est juridiquement légale, l'opposition ne peut s'opposer à son financement même s'il concerne de très loin la mission première de la région : lycées, entreprises, transports et apprentissages, qui tous pâtissent de cette gabegie. En 2010, avec sa réforme territoriale, Nicolas Sarkozy a bien tenté de diminuer les détournements de cette gigantesque manne versée par le contribuable. Mais dès l'élection de François Hollande à l'Elysée, les socialistes n'ont rien eu de plus pressé que de rétablir le principe de « compétence générale » pour les collectivités locales. Elle permet au président Huchon de prodiguer avec ivresse ses bienfaits au monde entier.

C'est un personnage rond, débonnaire, légèrement zozotant, il le sait et il en rit lui-même. Il ne manque pas d'humour. Comme le président Hollande, il déborde d'un optimisme inébranlable. Il est tellement étonné d'être depuis tant d'années président de la région Ile-de-France que ça suffit à son bonheur. Il faut dire qu'il n'appartient plus à aucun courant, qu'il est très isolé dans le parti et qu'il n'aurait jamais dû être élu.

En 1998, le candidat socialiste à ce fauteuil jusque-là occupé par la droite est Dominique Strauss-Kahn. L'étoile montante du PS a presque lancé sa campagne lorsque la dissolution fatale de l'Assemblée par le président Chirac le bombarde ministre de l'Economie et des Finances dans le gouvernement Jospin. Et Lionel, intraitable Premier ministre, est opposé au cumul des mandats.

DSK, publiquement, refuse de clarifier sa position. Michel Rocard s'est déjà mis sur les rangs jusqu'à ce que Jean-Paul Huchon, son ancien directeur de cabinet, s'insurge : « Michel Rocard ? Mais on le mettrait où sur les listes ? » Il a pris sa place à la mairie de Conflans-Sainte-Honorine et en tête de liste des Yvelines, pas question qu'il en rende les clefs.

Face à l'ancien Premier ministre Edouard Balladur, la campagne se fait en duettiste. Jean-Paul inaugure une station d'épuration, Dominique arrive à la fin et fait son show devant les élus. La recette normale des socialistes est de laisser son siège à mi-mandat. Là, les électeurs ont droit à une variante enrichie : DSK récupérera le fauteuil de président dès qu'il ne sera plus ministre. « Toute la campagne a été faite sur son nom. On nous a dit : c'est Huchon, au dernier moment ! », s'exclame Roger Karoutchi.

C'est ainsi grâce à son célèbre compère que Jean-Paul est élu, avec aussi le concours involontaire à droite du candidat Balladur qui a du mal à descendre de sa chaise à porteurs pour faire la bise aux électrices de banlieue. Mais surtout grâce à l'aide de Jean-Marie Le Pen : « En 98, on prend l'Essonne parce que entre les deux tours une vague rose sanctionne l'alliance de la droite républicaine avec le Front national. L'Ile-de-France, on l'a par défaut et on la gère six ans de façon minoritaire », reconnaît Julien Dray.

C'est alors que commence le temps des générosités tous azimuts, même avec les organisations patronales : « Nous, Huchon cela nous va, il est un des nôtres ! », dit aujourd'hui le Medef local. Avant d'être le chef de l'entreprise Ile-de-France, l'élu socialiste a en effet dirigé le Crédit agricole, le groupe Pinault-Printemps-La Redoute et un gros cabinet de chasseurs de têtes, Progress. Il avait en ce temps-là son bureau place Vendôme.

Mais ce bon vivant, grand amateur de rock, est surtout un fou de cinéma. Ses détracteurs l'accusent d'en faire sa priorité. Depuis dix ans, la région a investi dans près de cinq cents films. Elle a multiplié par dix son budget cinéma qui atteint aujourd'hui plus de 14 millions d'euros. Chaque année, le festival de Cannes est l'occasion de déplacements coûteux. La région Ile-de-France reçoit stars, producteurs et journalistes sur sa plage privée de la Croisette où les deux camarades Jean-Paul Huchon et Julien Dray multiplient les conférences de presse avant de fouler le soir le tapis rouge en smoking et nœud papillon : « L'aide que nous apportons au cinéma a avant tout un intérêt économique, elle permet de soutenir l'emploi », répond le président à ses détracteurs. Surtout, elle a tout pour plaire aux professionnels du septième art ainsi qu'aux people qui, dans la presse, ne cachent pas leurs préférences politiques pour leur généreux mécène.

Mais Cannes, c'est encore chez nous. Lors des jeux Olympiques de Londres, *Le Canard enchaîné* a sorti une facture désormais fameuse du Connaught où s'est tenu un grand dîner de cent vingt couverts concocté par Hélène Darroze, pour un total de 17 000 euros : « Mais les fruits et légumes venaient de la région Ile-de-France », s'est défendu Jean-Paul Huchon. Quant au montant total de 150 000 euros pour le voyage d'une trentaine d'élus, ce qui fait quand même 5 000 euros par personne, le socialiste malin a aussi sa réponse toute prête : « Mais il y avait un élu UMP avec sa femme et ses enfants ! » Car en bon politique, le président veille toujours à réserver une petite part de son trésor à l'opposition : « Moi, j'ai interdit à mon équipe d'accepter le moindre voyage », dit Valérie Pécresse. Et pourtant, c'est tentant. Les cinquante conseillers UMP sont en permanence approchés par l'équipe de Jean-Paul Huchon

La grande épicerie

qui leur dit : « Venez avec nous, on s'en va au Vietnam, à Madagascar, aux Etats-Unis, au Maroc... pour un séminaire sur l'eau ! »

Car ce que les socialistes franciliens préfèrent, c'est voyager. Chaque année, la région débourse quelque 280 000 euros pour les déplacements à l'étranger des élus et près de 400 000 euros pour ceux des fonctionnaires. Dès son arrivée en 1998, Jean-Paul Huchon s'est fait nommer vice-président de Metropolis, une association mondiale d'une centaine de membres qui se réunit régulièrement aux quatre coins de la planète pour débattre des problèmes communs aux grands pôles urbains. Des rendez-vous qui ont lieu à Tokyo, Melbourne, Montréal, Séoul... Des villes bien loin de chez nous. Pourtant, à elle toute seule, la région finance le quart du budget de l'association.

Et comme si cela ne suffisait pas, le président de l'Ile-de-France a eu l'idée de créer le FMDV, Fonds mondial pour le développement des villes, dont il est depuis 2010 le premier président. Une sorte de banque mondiale destinée à financer des projets de coopération décentralisés parfois extravagants. Après Mexico et Rabat, le FMDV vient ainsi d'ouvrir une antenne régionale, avec bureaux, fonctionnaires et visites d'études en Iran, à Mashhad, la deuxième ville du pays, surtout connue pour être un lieu de pèlerinage du chiisme avec mosquées, mausolée et tombeau du calife Harun al-Rashid. De nouveaux voyages en perspective !

Et quand le multi-président n'est pas là, il faut bien que le travail soit assuré. Désormais, son cabinet est plus important que celui du ministère des Finances. Le nombre exact de ses conseillers reste pourtant un mystère. Agnès Verdier-Molinié, directrice de la fondation IFRAP, un *think tank* libéral qui traque les dépenses des administrations et des politiques publiques, s'est penchée en 2010 sur l'organigramme du conseil régional et elle dénonce le flou le plus total : « Officiellement, le président n'aurait que vingt-quatre ou vingt-cinq collaborateurs, mais dans un document que nous avons pu consulter, on en recense plus de trente ! » Quant aux vice-présidents, ils se sont vu affecter une équipe de six collaborateurs à temps plein. On ne s'étonne plus, dans ces conditions, que le nombre des agents régionaux soit passé en quinze ans de 750 à 2 000 hors décentralisation.

Les effectifs du CRT, Comité régional de tourisme, ont eux bondi de 142 % en dix ans et sa masse salariale de 163 %. Son budget est passé de 8 312 795 euros en 2004 à 21 739 000 euros en 2012. Le salaire du directeur général, Jean-Pierre Blat, avoisinerait les 12 000 euros net par mois. « Plus qu'un ministre », s'insurge la droite. Alors que le président de la région lui-même reconnaît que le CRT fait doublon avec l'office de tourisme de Paris, les relations publiques du Louvre, le service de communication de la Ville de Paris et le ministère du Tourisme... Mais où caser enfants et amis des conseillers de gauche ou parfois même de droite dont le CRT s'enorgueillit d'être le refuge ?

Les écolos, eux, ne sont pas moins dispendieux. Lors de la dernière élection en 2010, le groupe Europe Ecologie-Les Verts, cornaqué par Cécile Duflot, est passé de vingt-quatre à cinquante conseillers. Et dans l'hémicycle de la rue Barbet-de-Jouy, comme ailleurs, à Lille ou à Lyon, ils font la loi. Sans eux, pas de majorité. Dans la distribution des faveurs, des crédits et des promotions, ces alliés irremplaçables sont l'objet de toutes les sollicitudes et sont généreusement servis. Ils détiennent cinq des quinze vice-présidences de l'assemblée régionale.

Parfois, en début de séance, l'un d'entre eux se dresse comme Fouquier-Tinville et lance : « Que tous ceux qui sont venus en voiture sortent de l'hémicycle ! » Pour le parc de leurs voitures de fonction qui ne doivent rouler ni à l'essence, ni au diesel, ni à l'électricité, ni au bio-éthanol, il a fallu investir dans de coûteuses Toyota Prius japonaises alors que la région abrite les plus grands constructeurs nationaux à Flins et Poissy. Quand la droite s'en étonne, la réponse claque : « On n'a pas pu acheter français parce qu'on voulait des voitures propres. » Et les Renault électriques ? « C'est électrique, donc c'est du nucléaire. » Et les Peugeot hybrides diesel ? « Quand le filtre est en panne, il libère des particules. » Peu importe pour le contribuable si le prix de base d'une Prius, 28 000 euros, est deux fois supérieur à celui d'une Peugeot de même cylindrée, puisque son système « Hybrid Synergy », unique au monde, permet d'optimiser sa consommation d'énergie.

Plus grave encore, en janvier 2012, la région a dû leur offrir des billets d'avion en business class car les élus écolos, désireux de se rendre au forum social et anticapitaliste de Porto Alegre au Brésil, refusaient de passer la nuit en classe éco. Cette fois, même le prodigue Julien Dray s'est insurgé !

Mais, en matière d'écologie, le président cède à tous les chantages. On ne compte plus les associations subventionnées qui leur permettent d'embaucher leurs copains. A côté d'Airparif, observatoire qui contrôle la qualité de l'air en Ile-de-France, ont vu le jour Bruitparif, observatoire de la nuisance sonore, Natureparif, agence régionale pour la nature et la biodiversité, Ordif, observatoire régional des déchets d'Ile-de-France… pour les plus importants. Tous coiffés par Robert Lion, quatre-vingts ans, ancien directeur de cabinet de Mauroy, qui, après avoir collectionné les conseils d'administration, s'est converti en 1992 à l'écologie, avant de devenir président de Greenpeace France dont il est toujours au conseil d'administration. « De quinze organisations satellites, on est passé à une trentaine », s'insurge l'opposition de droite. 1 200 salariés y travaillent dans tous les arrondissements de Paris, y compris dans les beaux quartiers.

Jean-Paul Huchon qui a découvert avec Michel Rocard, à Matignon, les grandeurs du pouvoir,

La grande épicerie

n'aime rien tant que les palais de l'Ancien Régime du faubourg Saint-Germain dans lesquels s'est installée la République et qu'aujourd'hui seuls les émirs arabes peuvent s'offrir. L'IFRAP en fait état dans son rapport : « Les services de la région se répartissaient sur 29 071 m^2 jusqu'au début de l'année 2012, lorsque la région a décidé d'acheter un hôtel particulier dans le 7e arrondissement de 5 000 m^2 pour 19 millions d'euros. Si l'on ne tient pas compte de ce nouvel achat, les personnels disposaient déjà de 20 m^2 par agent alors que le ratio de l'Etat est de 12 m^2. » Dans la tour Montparnasse, ils occupent quatre étages. Dans la rue de Babylone, ils disposent désormais de 60 000 m^2. Le président Huchon parle avec un sourire modeste de « son village régional ». A la tribune du conseil, il a un jour annoncé sans vergogne : « J'ai trouvé des locaux pas chers rue du Bac… » Alors que, dans le monde entier, les collectivités, comme les entreprises qui veulent faire des économies, déplacent leurs salariés en banlieue.

L'IFRAP a constaté que les dépenses de fonctionnement des régions françaises ont augmenté en moyenne de 0,7 % entre 2010 et 2011 alors qu'en Ile-de-France elles ont progressé de 2,3 % pendant la même période : « Nous avons calculé qu'il serait possible d'économiser 6 milliards d'euros en cinq ans en appliquant une baisse de 1 % des effectifs par an », assure Agnès Verdier-Molinié. Plus préoccupante encore est l'explosion des emprunts. Longtemps, les agences ont décerné un triple A à la région. Mais en décembre 2012, la note a été dégradée par Standard & Poor's. Non sans raison. Cette année-là, la dette de l'Ile-de-France a atteint 4,6 milliards d'euros, 100 % de son budget, alors que ses recettes ont augmenté de 5,1 %.

La chambre régionale des comptes a rendu en juillet 2013 un rapport accablant sur les gaspillages et le manque de transparence : recrutements sans concours (dans 95 % des cas), absentéisme record (30,5 jours par agent et par an, trois fois plus que le taux d'absence constaté dans la fonction publique d'Etat), temps de travail de trente-quatre heures par semaine (inférieur au droit commun de la fonction publique), multiplication des recrutements hors compétences nouvelles (+ 57 % des effectifs depuis 2004). Et pour couronner le tout : absence d'information sur l'attribution des logements de fonction gérée sans contrôle par la majorité de gauche au conseil régional.

Côté dépenses, c'est à partir de 2004 que tout a dérapé. Cette année-là, le président de l'Ile-de-France, élu par personne interposée six ans plus tôt, obtient une très large majorité. Et de nouveau en 2010. « Aujourd'hui, les élections régionales deviennent importantes », note Julien Dray. Surtout, les budgets démesurés de ces « bijoux de famille » sont pour les présidents sortants les clefs de leur réélection.

Pour Jean-Paul Huchon, après trois mandats très confortables, l'échéance n'est pourtant pas sans

La grande épicerie

péril. Cette fois, il va être questionné, soupçonné, interpellé sur toutes ses largesses qui, au fil des ans, ont assis son pouvoir. « Le système Huchon », comme l'a qualifié *Le Monde*, repose sur une espèce de secret d'Etat.

Il y a quelques mois, Valérie Pécresse a décidé de traquer les frais injustifiés : « J'ai envoyé à tous les élus du conseil régional un questionnaire sur leurs avantages : logements de fonction, voitures, voyages, notes de frais de restaurants... Je n'ai eu aucune réponse. Pas même du président qui, en plus de sa Toyota Prius, s'est offert une Saab suédoise pour rouler vite le week-end et dans laquelle il a été flashé à 170 kilomètres/heure. »

Une fois encore, le voluptueux Huchon a sa réponse toute prête : « La région Ile-de-France ne dépense pas plus par habitant que les autres régions. » Il oublie juste de dire que son budget de 4,7 milliards d'euros est le premier de France, sans commune mesure avec celui par exemple de la Bourgogne qui ne dépasse pas 800 millions d'euros.

Pour sa dernière campagne, le président a été sévèrement sanctionné. Au lendemain des élections régionales, un militant UMP, Paul Midy, a déposé contre lui un recours, estimant qu'il aurait dû intégrer dans ses dépenses électorales deux campagnes d'affichage sur la politique des transports et de l'emploi réalisées par la collectivité, fin 2009.

En décembre 2010, le rapporteur du Conseil d'Etat, Edouard Geffray, a considéré qu'il s'agissait bien de « promotion » personnelle. D'autant que la région gère les transports et que Jean-Paul Huchon est président du STIF, le syndicat des métros et bus.

Six mois plus tard, la condamnation tombe : le Conseil d'Etat oblige le président de l'Ile-de-France à rembourser 1,6 million d'euros trop perçus au titre de ses frais de campagne, montant qui correspond à la moitié du plafond des dépenses autorisées et remboursées par le Trésor public. En outre, la victoire de la dernière conseillère élue de sa liste est annulée. Seule consolation, mais elle est de taille, il a échappé de justesse à une peine d'inéligibilité qui l'aurait empêché de solliciter le quatrième mandat dont il rêve.

L'obstacle vient d'ailleurs, de l'Elysée. Dans sa campagne, François Hollande s'est engagé à ne pas s'entourer de personnes condamnées par la justice. En novembre 2008, le président d'Ile-de-France a déjà été sanctionné par la cour d'appel de Paris à six mois de prison avec sursis et 60 000 euros d'amende pour « prise illégale d'intérêts ». La cause ? Des contrats de communication passés par la région avec trois sociétés dans lesquelles sa femme était salariée. Jean-Paul Huchon n'entend pourtant pas abandonner son fauteuil sur la simple injonction de son parti. L'Elysée n'a-t-il pas déjà fait deux entorses à son décret d'excommunication avec Harlem Désir et Jean-Marc Ayrault, eux-mêmes autrefois condamnés par la justice ?

Hélas, le président sortant est loin d'être, comme eux, une personnalité d'influence à la direction du

La grande épicerie

parti. Jadis rocardien, il n'a jamais éprouvé le besoin de se reconvertir en fidèle jospinien, fabiusien ou même « hollandais ». Il n'est pas membre du bureau national, même pas du comité directeur, alors que des conseillers régionaux de base s'y trouvent.

En 2015, année des élections régionales, cela fera dix-sept ans qu'il occupe ce fauteuil en or massif. Beaucoup trop pour les « nouveaux socialistes », attachés au renouvellement des cadres comme au droit à la retraite à soixante ans : « On ne peut pas d'un côté, à l'Assemblée nationale, imposer au forceps le non-cumul des mandats et dire que, quand on est élu, on l'est *ad vitam æternam* », s'insurge le député de l'Essonne Malek Boutih.

Dans cette jeune génération, deux candidats sont déjà sur la ligne de départ : François Lamy, maire de Palaiseau avant d'être ministre délégué de la Ville, et Benoît Hamon, conseiller régional depuis 2010 et désormais ministre délégué de l'Economie sociale et solidaire et de la Consommation... Mais l'Elysée redoute de donner la clef du coffre-fort à un « espoir » du parti qui n'aurait pas fait la preuve de toute sa loyauté.

Autre nuage à l'horizon ? Pour se représenter, le candidat Huchon doit rembourser les 1,6 million d'euros trop perçus lors de sa dernière campagne. Qui va payer ? Martine Aubry, encore première secrétaire en 2011, avait promis de régler la note en « vertu de la solidarité du parti envers ses candidats et qui n'a jamais fait défaut ». Depuis, Harlem Désir a décrété qu'il n'en verserait que la moitié. Et Jean-Paul Huchon, qui n'a jamais eu l'intention de mettre la main à la poche, se voit obligé de faire appel aux camarades élus de la région dont certains renâclent à payer pour un président qui a largement dépassé l'âge de la retraite.

7

Une mafia très courtisée

Il arrive qu'une élection soit un « piège à cons ». A Marseille, où les mises en examen tombent en rafales sur les responsables socialistes, où la fédération soupçonnée de toutes sortes de fraudes est sous tutelle, où, depuis Gaston Defferre, le PS n'a plus de chef emblématique, organiser des primaires relevait du pari impossible. Le scénario, écrit à l'avance, a dépassé toutes les craintes. Polémiques, insultes, menaces, scrutins contestés... l'aventure s'est soldée par un spectacle indigne du Marseille inoubliable de Marcel Pagnol.

Cela fait plus de dix ans qu'aux abords de la Canebière ne se joue pas une comédie de boulevard mais un film de gangsters dont les protagonistes sont couverts d'honneurs et de responsabilités. Avec ses minibus bourrés de vrais-faux électeurs, Samia Ghali, sénatrice et maire dans les quartiers nord, n'a rien inventé. Cette fédération, depuis le congrès de Tours, c'est le folklore historique du parti socialiste. Les cartes sont truquées, on fait voter les morts, on bourre les urnes, et la comptabilité relève de la plus haute fantaisie. A Paris, nul ne l'ignore. Hélas ! Un premier secrétaire, soucieux de son destin, ne peut se passer des voix de la puissante fédé des Bouches-du-Rhône.

En 2000, lorsque le sénateur et président du conseil général des Bouches-du-Rhône, Jean-Noël Guérini, est élu premier secrétaire de la fédération départementale du parti, Lionel Jospin, dans son bureau de Matignon, s'étrangle : « Mais Guérini, c'est la famille d'Antoine et de Mémé Guérini, les grands voyous de Marseille ? » Le premier est mort assassiné, le second, Barthélemy, dit Mémé, aussi, dès sa sortie de la prison des Baumettes. Les deux frères se sont imposés dans le Milieu en créant dans les belles années 30 un empire de la prostitution. « Pas tout à fait les mêmes », lui répond François Hollande qui tient alors les clefs du parti rue de Solferino. Pas tout à fait, mais si ce ne sont leurs frères, ce sont leurs cousins. Tous les Guérini sont originaires de Calenzana, en Corse. Et dans ce petit village montagneux proche de Calvi, on ne compte guère plus de trois cents habitants. Jean-Noël aime raconter qu'il n'est pas né avec une cuiller d'argent dans la bouche. Il a vu le jour en décembre 1950 dans une famille si pauvre que ses parents, bloqués par la neige et incapables de se rendre à la mairie, ne le déclarent que le 1er janvier 1951.

L'oncle, Jean-François Guérini, est conseiller général du Panier, le quartier populaire de Marseille, où il a succédé à un autre Corse, Jean-François Leca, mort à Auschwitz. Dès 1952, le tonton fait

Une mafia très courtisée

venir son frère qui crève de faim en Corse et le case à l'Office HLM qu'il préside. Il le loge aux Catalans dans un appartement de la Ville. Jean-Noël a cinq ans et ne parle pas français. Il portera toute son enfance les stigmates de ces années difficiles. Il est chétif et médiocre à l'école. A quinze-seize ans, il est à son tour embauché aux HLM comme manutentionnaire. Mais, déjà, la politique l'intéresse. Il adhère aux Jeunesses socialistes où il est copain avec Patrick Mennucci.

Un second garçon est né, Alexandre, alors que la famille commence à s'en sortir. Plus costaud, il fait davantage d'études. C'est lui le chef. Ou plutôt le cerveau. Avec son père, il crée une entreprise de plomberie et d'électricité qui entretient tous les robinets et compteurs des HLM. Il commence à « faire » de l'argent. Les HLM de Marseille, c'est le gagne-pain mais surtout la rampe de lancement des Guérini. Beau gosse, le cadet joue au petit caïd et ne craint pas de s'associer avec un voyou du Panier, nommé Roland Gaben, qui finira en 2011 sous les balles d'un tueur.

Jusqu'en 1977, Gaston Defferre refuse qu'un Guérini siège au conseil municipal. A Marseille, ce nom corse est comme une tache et ses électeurs lui ont trop souvent reproché ses amitiés sulfureuses avec Mémé Guérini qui recrutait pour lui les gros bras chargés de faire régner l'ordre dans les congrès et d'affronter ses principaux ennemis communistes, les dockers CGT. Mais cette année-là a lieu une nouvelle élection municipale. Et les jeunes du parti réclament toute leur place : « C'est moi qui suis allé trouver Gaston Defferre. A l'époque, j'étais à Vitrolles et je lui ai demandé de prendre Jean-Noël sur sa liste », dit Patrick Mennucci. L'aîné Guérini est sympathique, il ne se prend pas pour un aigle et il est travailleur. En 1982, il est élu conseiller général. Il succède à son oncle. Presque une tradition marseillaise au PS. Comme lui, toute une génération a reçu en héritage un fief électoral : Sylvie Andrieux, Christophe Masse, Félix Weygand...

Ses camarades n'ont rien à lui reprocher : « Il sait qu'il n'est pas un tribun. Mais il connaît ses dossiers. » Il est chaleureux, bon vivant, très présent sur le terrain marseillais : pétanque, pastis et services rendus. Et surtout, il se proclame d'une loyauté totale : « Je décide ce que veut le parti », répète-t-il. En 1983, il se marie avec une avocate, Martine Aelion, issue d'une bonne famille juive. Lui, il est catholique, et même avec ostentation. Il ne rate aucune messe du dimanche. On ne lui connaît encore qu'un vice : sa passion pour les voitures miniatures.

Mais il a bien compris que l'argent est le nerf de la politique. Au conseil général, il devient rapporteur au budget, la plus importante fonction de cette assemblée départementale. C'est par lui que passent toutes les dépenses, tous les investissements, toutes les subventions. Depuis 1990, il est aussi salarié d'une filiale de la Générale des Eaux, aujourd'hui Veolia, où il devient, avec Alexandre, un ami

Une mafia très courtisée

d'Henri Proglio. Une de ces amitiés fructueuses qui vous garantissent la longévité en politique.

En bon Guérini, son cadet profite de cette ascension éclair pour faire prospérer les affaires. De la plomberie, il se reconvertit dans le traitement des ordures. Les deux frères s'entendent, comme en Corse, à la vie à la mort. Et omerta garantie. Au conseil général, présidé par le defferriste Lucien Weygand, ils sont à bonne école. Ils apprennent vite toutes les ficelles du clientélisme. En 1995, l'assemblée départementale est en effet le théâtre d'un véritable feuilleton judiciaire. 4 millions de francs se sont envolés des caisses de la mairie PS d'Istres. Le maire et son conseiller municipal, François Bernardini, sont accusés par deux rapports de la Cour des Comptes. Ce Bernardini est un cacique du parti socialiste. Il est conseiller général et premier secrétaire de la fédé.

En 1997, il est mis en examen pour « détournement de fonds publics, abus de confiance et abus de biens sociaux ». Le préfet le démissionne d'office du conseil général. Mais Lucien Weygand se drape dans la toge de la démocratie républicaine et refuse d'inscrire à l'ordre du jour l'oukase préfectoral. On est à Marseille, où le parti peut se révéler plus puissant que l'appareil judiciaire. En 1998, « l'accusé » est élu président du conseil général des Bouches-du-Rhône. Dans le département, nul ne se scandalise, on aurait plutôt tendance à en rire.

Au bout de quelques mois, Bernardini est quand même obligé de rendre ses mandats. Devenu vice-président, l'habile Jean-Noël se veut rassurant : « Le temps que tu les lâches, je prends les clefs. » Par bonheur, il n'aura pas à les lui rendre. En 2000, son camarade est condamné à deux ans d'inéligibilité. Et l'année suivante à cinq ans.

Le voilà président du conseil général. Il s'installe au 9ᵉ étage du « Paquebot », siège construit par Lucien Weygand. Dans son grand bureau, entre les images pieuses et les cierges qui clignotent, trône sa collection de petites voitures. A la tête de la fédé, il case son directeur de cabinet, bientôt remplacé par un autre homme de paille : Eugène Caselli, ancien DRH de la Caisse d'épargne du département, devenu socialiste à trente-six ans.

Désormais grand argentier du PS dans le département, Jean-Noël contrôle tout, les sections, les élus, les militants. Dans cette année faste, Guérini devient, quelques mois plus tard, sénateur. Grâce à son immunité parlementaire, il est intouchable. Pour Alexandre, c'est une aubaine qui, miraculeusement, donne un bel essor à ses deux sociétés de déchetteries. Peu à peu, il s'arroge tous les contrats, tous les passe-droits. Il y gagne le surnom de « Roi des ordures ». Mais pas seulement : il se lance aussi dans les photocopieuses, la construction de maisons de retraite... Ses clients ne se limitent plus à l'Office HLM dont son frère est le président. Désormais, il fait aussi la loi dans les mairies du département, de droite comme de gauche.

Une mafia très courtisée

Un élu de l'opposition raconte le dialogue type quotidien tenu dans le bureau de Jean-Noël Guérini au conseil général :

« Ma population a augmenté de 20 % et j'ai besoin d'une maison de retraite, se plaint un maire.

— Oui, mais tu es de droite, donc tu n'auras rien.

— Rien ?!

— A moins que tu ne me donnes ta voix aux élections sénatoriales !

— D'accord !

— J'ai aussi un petit monsieur qui est très bon pour construire les maisons de retraite ! Va voir Alexandre, mon frère. Il te dira avec quel architecte et quelle entreprise tu dois travailler. »

Les commissions, généreuses, tombent dans l'escarcelle Guérini. Le budget du conseil général avoisine 3 milliards d'euros. Pendant dix ans l'argent coule à flots. Le champagne aussi. Poussé par son frère, l'aîné prend goût à un train de vie de nabab : restaurants, cigares, vacances à Deauville, en Floride… Avec sa femme, le petit cancre corse découvre la vie mondaine, les expositions, l'opéra, les dîners où se retrouvent médecins, avocats et chefs d'entreprise qui forment la vraie aristocratie marseillaise.

Mais il participe toujours aux processions du Panier, fréquente les dominicains de Saint-Lazare et ne ménage pas son soutien au Secours catholique. « Quand son emploi du temps le lui permet, il aime passer nous voir pour le Salve Regina, raconte le prieur. Et il nous arrive de tous aller déjeuner chez lui. » En bon politique, Guérini n'est pas mécontent de ne pas laisser à Jean-Claude Gaudin le monopole du vote catholique.

Chaque année, il emmène des écoliers à Auschwitz. Il se rend aussi en Terre sainte, à Jérusalem : « J'exige de disposer de trois heures libres durant les voyages officiels pour aller me recueillir devant le mur des Lamentations et prier à l'église du Saint-Sépulcre. » C'est là qu'un moine lui a confié un chapelet qu'il conserve dans sa poche. Sa piété s'accompagne d'une superstition toute méditerranéenne. On raconte que, dans son bureau-reposoir, il transperce de coups d'épingle les photos de ses ennemis.

Désormais, les deux frères, trop vite devenus riches n'en manquent pas. En 2000, Alexandre a vendu sa société SMA Environnement à Proglio, devenu P-DG de Veolia, pour 20 millions d'euros. Le pactole. Il avouera en avoir mis 6 sur un compte en Suisse. Le juge découvrira 13 millions d'euros placés à l'étranger alors qu'il refuse de rendre l'appartement de la rue César-Aleman aux Catalans, qu'il a repris à la mort de ses parents et qui ne lui coûte que 474 euros par mois.

Le cadet des Guérini s'est pris de passion pour les chevaux de course. Son tempérament le pousse à s'allier à des voyous[1]. Il s'associe avec Fabien Amoretti et Patrick Boudemaghe, deux entrepreneurs

---
1. Voir l'ouvrage de Renaud Muselier, *Le Système Guérini*, Lattès, 2011.

Une mafia très courtisée

liés au Milieu à la tête d'une cascade de sociétés implantées dans les Bouches-du-Rhône, la Haute-Corse et dans des paradis fiscaux. La compagne de Bernard Barresi, autre truand, remporte un marché de 2 millions d'euros destiné à assurer la sécurité au conseil général. Alexandre adopte leur style, n'hésitant pas à menacer quiconque se met en travers de la route de la fratrie. Entre 2008 et 2010, il aurait enfoui près de 7 500 tonnes de déchets privés dans des décharges publiques, pour un bénéfice estimé à 4,5 millions d'euros.

Arrogant, brutal, le jeune parrain monnaie les silences en distribuant subventions, emplois, et appartements HLM dont son frère est le maître répartiteur : « Dans la ville, plus que partout ailleurs, règne encore un clientélisme à la romaine », explique un élu. Il ne s'agit pas de fausses cartes mais d'avantages distribués en échange d'une docilité à toutes les élections. Defferre, roi de Marseille pendant près de quarante ans, l'a étendu aux chauffeurs de taxi, tous militants et acquis à sa cause. Quand Gaudin a gagné la mairie en 1995, cette clientèle socialiste s'est déplacée au conseil général où désormais elle est prise en otage au service des deux frères. C'est ce qu'on appelle « le système Guérini [1] ».

En 2008, la communauté urbaine est arrachée à la droite à la faveur d'une magouille bien tricotée avec quelques maires affiliés à Jean-Claude Gaudin et disposés à monnayer leur vote. Jean-Noël y

---
1. *Idem.*

installe son fidèle Eugène Caselli, aimable potiche auquel les Marseillais ne reconnaissent qu'un talent, celui de soigner ses brushings. Le budget de la communauté urbaine avoisine le milliard d'euros dans lequel il suffit de piocher pour satisfaire des électeurs dont le rêve est de voir leurs enfants devenir fonctionnaires.

En l'espace de trois ans, les effectifs se multiplient comme des petits pains, passant de 3 300 à 4 000 salariés. Avec quatorze nouveaux vice-présidents, dont les indemnités sont augmentées de 50 %. Celles de l'accommodant Caselli grimpent de 3 554 euros à 5 424 euros par mois. Et son cabinet de quatorze membres à vingt-cinq. En remerciement, et prétextant une surcharge de travail, il cède à Jean-Noël son poste de premier fédéral. Alexandre, lui, traite ses affaires directement avec son directeur de cabinet Franck Dumontel que, selon une écoute téléphonique, il qualifie de « vrai patron » de la communauté urbaine.

C'est une lettre anonyme écrite en janvier 2009 qui jette un éclairage cru sur la réalité criminelle du système. Elle est adressée au procureur de la République qui confie aussitôt les investigations à un juge compétent. Charles Duchaine a une expérience en la matière. Il a exercé ses fonctions à Monaco et en Corse, deux terres de prédilection de la grande délinquance. Il est stupéfait de découvrir que, pour la première fois en France, il ne s'agit plus de corruption ou de marchés truqués mais de liens indirects entre un homme politique et le grand banditisme.

A partir du printemps 2010, et tout au long de l'année, les mises en examen se succèdent : Eric Pascal, président de Queyras Environnement, une entreprise associée à Alexandre, puis deux fonctionnaires dont un de la déchetterie de La Ciotat gérée par le cadet Guérini. Enfin Bernard Barresi est arrêté alors qu'il s'apprêtait à fuir en bateau.

Le 1er juillet, dans une grande interview au *Nouvel Observateur*, Alexandre tente d'éteindre l'incendie et se présente comme « victime d'un complot visant à abattre son frère ». Mais, le 1er décembre 2010, le tocsin sonne : il est mis en examen pour « détournement de fonds publics, recel et blanchiment, abus de biens sociaux, trafic d'influence, corruption active et détention d'un chargeur de pistolet Glock ». Le lendemain, il est écroué à la maison d'arrêt de Luynes.

Arnaud Montebourg, secrétaire national en charge de la rénovation du parti, revient effaré de son enquête à Marseille et remet à Martine Aubry, première secrétaire du parti, un rapport dans lequel il dénonce un système de pression féodal reposant sur l'intimidation et la peur et les plus graves dérives dans l'usage de l'argent public : « Il m'a paru nécessaire de relater certaines pratiques incompatibles avec l'idéal socialiste, en infraction directe et brutale avec les statuts de notre parti. »

Ce rapport, la maire de Lille n'a pas besoin de le lire pour savoir ce qu'il contient. Nul au parti ne peut l'ignorer. Et elle moins qu'une autre. En 2008, elle a envoyé à Marseille son lieutenant Christophe Borgel négocier pour son compte les voix des Bouches-du-Rhône. Au congrès de Reims, Jean-Noël Guérini a été son principal agent électoral, et les suffrages de Marseille ont été les bienvenus pour lui permettre de revendiquer la majorité lors de sa bataille sulfureuse face à Ségolène Royal.

Martine connaît la loi du parti et sacrifie au devoir de renvoi d'ascenseur. En mars 2011, elle impose la réélection de son supporter marseillais à la tête de la fédération. Jean-Noël confie les clefs de la maison qui brûle à son directeur de cabinet et fondé de pouvoir Jean-David Ciot. Arnaud Montebourg, indigné, réclame toujours la mise sous tutelle de la fédération des Bouches-du-Rhône. Le 7 mars, sur son blog, il rend publique la lettre qu'il adresse à la première secrétaire du parti : « La façon dont les dirigeants qui t'entourent et toi-même s'emploient à discréditer mon travail sans condamner d'invraisemblables comportements au sein de la fédé des Bouches-du-Rhône me paraît autant désolante que blessante. » Martine se barricade derrière le secret de l'instruction : « Je constate avec étonnement […] qu'outre ton rapport, figurent des copies de procès-verbaux de police et des retranscriptions d'écoutes téléphoniques provenant à l'évidence d'une procédure judiciaire en cours. Ignorant comment ces documents sont parvenus entre tes mains en violation du secret de l'enquête et de l'instruction, et ne

Une mafia très courtisée

sachant si tu as requis et obtenu l'autorisation des autorités judiciaires pour les produire, je ne puis en l'état que te les retourner immédiatement, me refusant à les conserver et aussi à prendre connaissance de leurs contenus. »

On est alors en pleine campagne des cantonales, et les deux lieutenants de Martine, François Lamy et Razzy Hammadi, n'hésitent pas à qualifier Montebourg de « traître ». A Marseille, Jean-David Ciot l'accuse même de collusion avec la droite marseillaise : « Si la preuve était faite, nous demanderions son exclusion du parti socialiste. » Car les révélations du secrétaire national à la rénovation provoquent une flambée du Front national dans les urnes. Aux élections, les socialistes perdent deux cantons dans les Bouches-du-Rhône. Les quotidiens marseillais ne se privent plus de dresser l'inventaire des détournements : plusieurs millions d'euros passés dans la poche d'Alexandre Guérini, de nouveau mis en examen, pour détournement de fonds publics, cette fois sur les marchés de photocopieuses à la communauté urbaine. Le 17 juin, c'est au tour du conseil général d'être perquisitionné par les gendarmes.

A Paris, le bureau national du parti se penche sur le rapport d'Alain Richard, « envoyé extraordinaire » de la première secrétaire pour faire toute la lumière sur cette affaire. Mais surtout pas de vagues ! Sénateur, l'ancien ministre de la Défense de Lionel Jospin est partisan de la paix à tout prix. Alors que les journaux de la France entière donnent tous les détails des fraudes mirobolantes réalisées depuis vingt ans par les deux frères, il préconise d'attendre les résultats de la procédure judiciaire.

Courageusement, Martine tranche en décidant de nommer une « Commission de rénovation départementale » présidée par le plus fidèle allié des Guérini : Jean-David Ciot.

Une fois de plus, Marseille est en pleine mascarade !

C'est que, en 2008, Jean-Noël a été réélu sénateur à la tête d'une liste « Faire gagner les Bouches-du-Rhône », qui a remporté cinq sièges sur les huit que compte le département. En septembre, des élections vont avoir lieu au Sénat où, événement historique sous la Ve République, la majorité risque de basculer à gauche. Elle bascule en effet. Il aura suffi de quelques voix. Et celles de Jean-Noël Guérini et de ses « amis » n'ont pas manqué !

Au même moment à Marseille, le président du conseil général est mis en examen pour « prise illégale d'intérêt, trafic d'influence et association de malfaiteurs ». Devant la presse, il qualifie ces accusations de « pipi d'alouette ». Au juge, il répond invariablement : « Ce n'est pas moi, c'est mon frère et je n'ai rien à voir avec lui. »

Cette fois, la rue de Solferino est en pleine campagne des primaires pour la présidentielle. A part Arnaud Montebourg, aucun des candidats ne songe à se priver des voix de la fédé des Bouches-du-

Une mafia très courtisée

Rhône. Seul Harlem Désir, premier secrétaire par intérim, se risque à lancer l'anathème tant attendu : « Si Jean-Noël Guérini était condamné, il serait exclu du parti ! » Sur la Canebière, la riposte ne se fait pas attendre. A Marseille, on a la kalachnikov rapide. Le lendemain, le président du conseil général menace de demander l'exclusion de tous les camarades sous le coup d'une procédure judiciaire. Il a dressé une liste de cinquante-six élus du PS mis en examen sans être contraints à la démission. A commencer par Harlem Désir, lui-même condamné, quelques années plus tôt, pour recel d'abus de biens sociaux. Entre 1986 et 1987, alors président de l'association SOS Racisme, il a perçu 10 500 francs par mois d'une autre association pour la formation et l'éducation des migrants, basée à Lille. Emploi fictif qui lui a valu une condamnation, le 17 décembre 1998, à dix-huit mois de prison avec sursis et 30 000 francs d'amende : « S'il faut donner l'exemple, que le premier secrétaire du parti socialiste par intérim soit le bon élève et commence par le faire. Il a été condamné, alors qu'il démissionne ! », tonne l'aîné des Guérini.

De Berlin, Martine en visite chez ses camarades du SPD évacue la question d'un journaliste : « Si des faits délictueux sont reprochés à Guérini, je ne serai pas la dernière à m'exprimer. » Coup de pique à François Hollande qui reste obstinément muet. A Marseille, lors de sa campagne présidentielle, quand ses camarades le mettent en garde : « Attention, on va te poser des questions ! », il feint l'étonnement : « Guérini ! Mais il n'est pas exclu ? »

Cette affaire qui met en lumière les pratiques mafieuses de la fédération socialiste des Bouches-du-Rhône, François et Martine en portent, tous les deux, une part de responsabilité. Mais l'exclusion est une arme à double tranchant qui ne punit pas seulement celui qui en est frappé. Quand le PS accuse Jérôme Cahuzac d'avoir menti, c'est la droite qui s'empare de son siège à Villeneuve-sur-Lot. Exclure Guérini, c'est donner des gages à l'adversaire.

Mais le garder, c'est discréditer l'honneur du parti à Marseille. Ces affaires Guérini, dont les médias font leurs choux gras depuis si longtemps, ont déjà causé au parti socialiste des Bouches-du-Rhône des dommages irréparables.

Cette fédération, qui fut si flamboyante du temps de Gaston Defferre, paie le prix du scandale : pas une réunion depuis le dernier congrès il y a plus d'un an, les sympathisants désertent, les militants se démobilisent, les sections sont mises en veilleuse, certaines n'ont même pas désigné leur secrétaire et ne diffusent plus leurs bulletins.

Surtout, le PS marseillais voit se détourner de lui, en se bouchant le nez, les élites, les intellectuels, les jeunes qui font vivre le débat et prospérer le parti. Jean-Noël Guérini est devenu le représentant, le symbole d'une façon de faire de la politique jugée archaïque et méprisable.

Même physiquement, il n'est plus le même, et ses camarades ne le reconnaissent plus : il grossit, se fait pousser la barbe, porte des petites lunettes rondes de premier de la classe. Et surtout, de truculent, il devient arrogant et menaçant. « En pleine séance du conseil général, le président n'hésite pas à apostropher une élue socialiste, Janine Ecochard, qui lui tient tête : "Tiens, dit-il, voilà Cruella qui demande la parole ! " Il a retiré sa vice-présidence à la ministre Marie-Arlette Carlotti, candidate malheureuse aux primaires, qui ne se cache pas de réclamer son exclusion du parti.

Aux législatives de 2012, il a présenté sa secrétaire, Lisette Narducci, contre son ex-ami Patrick Mennucci : « Il n'hésite plus à jouer contre son camp, s'indigne celui-ci. C'est la politique de la terre brûlée. Après moi, la toundra ! Il aurait pu en faire une affaire Alexandre Guérini et quitter la présidence du conseil général. Au lieu de cela, il détruit les ordinateurs pendant que son frère continue ses affaires. La dernière fois que j'ai accompagné Christiane Taubira, la ministre de la Justice, en visite aux Baumettes, je suis tombé sur un camion de l'entreprise d'Alexandre Guérini, SMA Environnement, qui nettoyait la prison. »

Désormais, le président du conseil général habite dans un vaste appartement avec terrasse. L'immeuble est situé rue des Tyrans, ce qui permet de faciles plaisanteries. Le vieux roublard a d'ailleurs plus d'un tour dans son sac pour faire perdre patience au juge qui le convoque. Il a été opéré à cœur ouvert et n'a aucun mal à prétexter toutes sortes de malaises. En janvier 2013, il va jusqu'à prétendre que son médecin a diagnostiqué une péritonite aiguë : « La seule au monde à n'avoir pas été opérée car le lendemain il était sur pied », rigole Marseille. Le juge excédé finit par hausser le ton : « Je sais qu'il est malade puisque ce matin il présidait le conseil général et qu'hier il était à Paris. Si dans deux heures il n'est pas en face de moi, je le fais arrêter, où qu'il soit. » Deux heures plus tard, Jean-Noël Guérini était rétabli. A ses électeurs, il se plaint désormais d'être victime d'acharnement et d'avoir des frais d'avocats si élevés qu'il ne peut plus partir en vacances.

A trois reprises, l'élu socialiste a été mis en examen avec des motifs qui ne sont pas bénins. En mars 2013, pour « détournement de fonds publics, trafic d'influence et abus de confiance » auxquels s'ajoute en juin 2013 le « délit de favoritisme ». Et comme le diable gît dans les détails, c'est cette faute, bénigne en comparaison de toutes les affaires, qui risque de déclencher sa chute. La justice lui reproche d'avoir consenti à un licenciement de complaisance pour son collaborateur et numéro un de la fédé, Jean-David Ciot, afin de lui permettre de se présenter aux élections législatives à Aix-en-Provence contre la maire sortante UMP Maryse Joissains-Masini. Alors qu'il n'a même pas effectué de préavis, Ciot a ainsi touché 22 000 euros

Une mafia très courtisée

d'indemnités de licenciement et de chômage. Il a été élu. Mais les deux hommes ne risquent pas moins de dix ans de prison, et surtout cinq ans d'inéligibilité. Pour le parrain des Bouches-du-Rhône, qui aura soixante-trois ans au moment de son procès, la chute finale !

Cinq ans que le juge est sur cette affaire, hélas typiquement marseillaise. Charles Duchaine, rude et opiniâtre, est décidé à aller jusqu'au bout. Mais, à croire que les aiguilles maléfiques du président Guérini ont fait leur office, il est tombé, lui, réellement malade. Une méningite virale qui a suscité de folles espérances chez les deux frères. « Si Duchaine venait à mourir, ce serait la catastrophe. Les dossiers remplissent une salle entière du palais de justice. Il faudrait tout recommencer », s'exclame Michel Pezet, avocat, ex-député et conseiller général socialiste.

Quelques jours avant cet épisode judiciaire imprévu, François Hollande l'a convoqué à l'Elysée, avec la ministre Marie-Arlette Carlotti. Avec sa bonne humeur habituelle, le chef de l'Etat feignait encore l'étonnement : « Comment ? Guérini est toujours en place ? Je croyais qu'il avait été exclu du parti. » Non, la procédure n'a jamais été engagée ! Aujourd'hui premier secrétaire du PS, Harlem Désir se contente de déclarer : « Jean-Noël Guérini ne représente plus un avenir pour Marseille. » Et si un camarade lui demande : « Pourquoi pas l'exclusion ? », il répond d'un ton souverain : « Pour quel motif ? » « Et Cahuzac, il a été exclu en un tourne-main. Et pourtant il n'a détroussé ni une ville ni un département ! », s'étonne Michel Pezet.

Marseille fait l'objet de toutes les espérances socialistes. A mi-mandat présidentiel, au plus fort du chômage et du mécontentement général, les élections municipales constituent une épreuve majeure. Les Français auront les yeux tournés vers les grandes villes. Le PS, déjà fort bien pourvu en métropoles, ne peut caresser raisonnablement qu'un espoir : reprendre Marseille à la droite, dont le maire sortant UMP, Jean-Claude Gaudin, aura atteint le cap de soixante-quatorze ans au moment du scrutin.

Gagner Marseille compenserait à coup sûr la perte de vingt ou trente villes moyennes. En mars 2013, le parti a quand même décidé de mettre la fédération des Bouches-du-Rhône pour un an sous tutelle jusqu'aux municipales. Mais pour gagner, il faut éviter à tout prix que le nom de Guérini ne vienne aux oreilles des Marseillais, que ne soit faite la moindre allusion à ces pratiques clientélistes qui choquent l'ensemble des Français.

Ah ! Bien sûr, ces méthodes politiciennes, électoralistes que la morale réprouve ne sont condamnées que par ceux qui n'en profitent pas. Mais à Marseille, voilà bien sept ou huit ans qu'elles sont en vigueur et ont fait des générations d'heureux. Chez les électeurs de gauche, ils sont nombreux à rêver d'un logement HLM ou d'un emploi dans la fonction publique territoriale pour leur rejeton. Nombreux à bénir le nom de ce bon président Guérini si accueillant aux sollicitations des catégories populaires !

C'est sous son ombre que s'est joué le mauvais mélo des primaires. Tout au long de leur campagne, les candidats se sont définis par rapport à lui. La ministre Marie-Arlette Carlotti, la favorite, se présentait comme l'ennemie jurée de Guérini. Samia Ghali passait pour être le sous-marin lancé par le sénateur maudit pour déjouer les pronostics, ce qu'elle a fait avec éclat. Quant au vainqueur, Patrick Mennucci, il a bien sûr évité toute allusion à cette regrettable amitié de jeunesse.

8

Le trésor des Houillères

Dans sa colossale entreprise de rénovation, voire de grand nettoyage du parti socialiste, Arnaud Montebourg, après son fiasco des Bouches-du-Rhône, s'attaque à un autre chantier. Et quel chantier! La première fédération de France, la plus glorieuse, celle de la terre des grandes luttes et des conquêtes sociales : le Pas-de-Calais.

Quelle mouche a piqué le chevalier blanc de Saône-et-Loire pour qu'il vise la forteresse du parti socialiste ? Mais l'avocat sans peur et sans reproche ne craint pas de jouer les Don Quichotte. Et il croise le fer à gauche comme à droite. En 1995, il a entamé sa croisade anticorruption avant même d'avoir un mandat local, en dénonçant à l'opinion publique le loyer de complaisance que s'était fixé le Premier ministre Alain Juppé lorsqu'il était premier adjoint au maire de Paris. En 2001, il n'a pas hésité à s'en prendre à Jacques Chirac, mis en cause dans l'affaire des emplois fictifs, en réclamant que le président de la République soit traduit devant la Haute

Cour de justice. Juste avant, il a réclamé que Roland Dumas quitte la présidence du Conseil constitutionnel après avoir été cité dans le scandale Elf.

A croire que le justicier des causes ténébreuses est soutenu par ses camarades, il a remporté un succès surprenant au premier tour des primaires pour la désignation du candidat socialiste à l'élection présidentielle. En troisième position, avec 17 % des suffrages, il est le faiseur de roi. Il choisit François Hollande.

Un mois plus tard, le 21 novembre 2011, il envoie à Martine Aubry, qui a repris la tête du parti, une lettre l'avertissant d'une bombe risquant d'exploser en pleine campagne présidentielle : « Des informations de nature et d'origine judiciaires, précises, concordantes et recoupées permettent sérieusement de penser que la fédération socialiste du Pas-de-Calais et son principal protagoniste, Jean-Pierre Kucheida, vont faire l'objet de mises en cause par la justice lilloise. [...] Ces événements permettront de façon regrettable et rageante à nos adversaires d'ouvrir un nouveau front contre la corruption d'élus socialistes [...] dans une région qui est cette fois la tienne et dont nul ne croira que tu pouvais ignorer la gravité de tels faits. »

Comme il porte encore sur le cœur sa déconvenue marseillaise, il ajoute avec une belle perfidie : « Cette fois, je ne rédigerai pas de rapport, et je ne m'exprimerai pas dans la presse, puisque, quelle que soit la méthode employée pour faire avancer la cause de la rénovation, mes propositions et mes avertissements sont systématiquement rejetés. Je me contenterai donc de te placer avec simplicité et liberté devant tes responsabilités qui ressemblent cette fois – pardon de te le dire – à des responsabilités d'ordre et de nature historiques. »

Au printemps 2011, une enquête préliminaire a été ouverte contre Jean-Pierre Kucheida, le député-maire de Liévin, suivie en cette fin d'année d'un rapport accablant de la chambre régionale des comptes dont la presse commence à faire écho. Mise au pied du mur, la première secrétaire plaide à son habitude la présomption d'innocence : « Pour le moment, on n'a rien contre Kucheida. »

Mais elle envoie son lieutenant attitré au charbon. Le 7 décembre, à l'AFP, François Lamy lâche le morceau, parle de la lettre, du rapport, et ajoute : « Si Arnaud Montebourg est en possession d'autres pièces, il faut qu'il en fasse état devant les instances du parti ou la justice. »

Le lendemain, la maire de Lille charge une commission, avec, à sa tête, l'indispensable sénateur Alain Richard, d'aller éplucher les comptes du PS dans le Pas-de-Calais. Et pour commencer, elle gèle la circonscription du député-maire de Liévin.

A l'instar de Guérini, le sanguin Kucheida lance aussitôt l'artillerie lourde. Dans le *Journal du Dimanche*, il contre-attaque : « Nous sommes dans une ambiance pré-électorale. [...] J'ai fait une confiance absolue à François Hollande, on me le reproche peut-être à différents niveaux. [...] Je l'ai eu au téléphone, il m'a dit de tenir bon. On va laisser le vent retomber. Ça va passer. » Porte-parole du candidat, Manuel Valls précise : « Kucheida a appelé Hollande, c'est vrai. Mais Hollande lui a simplement dit qu'il était d'accord avec la décision de Martine. »

Jamais un candidat à la présidentielle ne s'est attaqué à la première fédé de France. On y compte pas moins de 188 sections et 2 000 élus qui contribuent largement à la bonne santé financière du parti. Dans le Pas-de-Calais, toutes les villes ou presque sont roses. Le conseil général est rose. Le conseil régional aussi. Et douze des quatorze députés. En 1995, comme en 2002, Lionel Jospin y a devancé Jacques Chirac à l'élection présidentielle. En 2007, dans certaines communes comme Bruay-la-Buissière, Ségolène Royal y a obtenu plus de 63 % des suffrages contre Nicolas Sarkozy. Et François Hollande, en 2012, dépassera 66 %.

Quarante ans de lutte sans relâche. Car, sous le Front populaire, la terre des houillères est tenue par les communistes. La CGT règne alors sans partage sur les « fosses » et contrôle les consciences et les votes avec une vigilance stalinienne. Chaque matin, le responsable syndical serre la main des mineurs qui s'enfoncent dans les puits. Quand l'un d'eux ne remonte pas, c'est lui qui porte la nouvelle à la veuve et remplit à ses côtés le rôle de chef de famille. Enterrement, écoles des enfants, maladies, retraites... L'appareil communiste veille à tout et partage avec le curé le gouvernement intime des âmes.

Dans ce plat pays aux visages et aux façades noircies par la poussière de charbon, pour s'opposer à eux, il n'y a que la SFIO. A Arras, le grand homme, c'est le député-maire Guy Mollet. Chef du parti, il est passé par plusieurs ministères avant de diriger le gouvernement en 1956.

Ancien prof d'anglais, c'est un homme frêle avec une petite moustache. Mais lorsqu'il prend la parole devant un congrès, sa voix de bronze enflamme les foules. Il n'est pas arrivé au sommet par hasard. Pendant que la plupart des parlementaires socialistes votaient les pleins pouvoirs à Pétain, il a été résistant, à la tête d'un réseau, dans le Nord alors occupé par les Allemands. Tacticien redoutable, « tueur » à l'occasion, il a écarté Léon Blum à son retour de déportation. Comme son compatriote Robespierre, il est d'une austérité implacable. Elevé à la dure par sa mère, femme de ménage et veuve de guerre, il n'a jamais trempé dans une magouille d'argent.

Mitterrand, il le traite de « prostituée ». Mais cette fois, c'est lui qui va être écarté. L'auteur de ce coup d'Etat local ? Un jeune prof d'histoire-géographie, fils d'instituteurs d'origine bretonne venus s'établir à la fosse 12 de Lens. Daniel Percheron rêvait d'une carrière de footballeur. Un banal accident lors d'un match, une jambe cassée, et voilà son destin qui bascule. Il est enrôlé par son voisin dans la Convention des institutions républicaines, alors groupuscule minoritaire en manque de jeunes cadres dynamiques : « Ils avaient organisé une réunion à Lens. Ils étaient quatre face à une majorité mollettiste. »

Le maire d'Arras a désormais en face de lui un jeune mitterrandiste qui n'est pas un bourreau de travail. Le maire de Lens, André Delelis, raconte que son rival ne se lève jamais avant 10 heures du matin. Mais il possède le génie de l'organisation et des guerres de couloirs. Depuis Jules Guesde et Jean Jaurès, elles règlent la vie du parti socialiste. Sans aucun mandat national, le militant prend, en 1973, le pouvoir à la fédération socialiste du Pas-de-Calais. A l'issue du vote, Guy Mollet, furieux, apostrophe violemment ses troupes : « Vous ne méritez pas mieux. Vous avez un Mitterrand au niveau national et un Percheron au niveau départemental. » Puis il se tourne vers le nouveau chef : « Bonne chance, monsieur ! »

De la chance, pendant quarante ans, le premier fédéral n'en manque pas. Physiquement, il ne ressemble en rien à son camarade de la fédé du Nord, Pierre Mauroy. Il se définit lui-même comme « un petit homme gris ». Mince, avec des lunettes de prof, il porte des costumes passe-murailles et de solides chaussures qui lui permettent de labourer ses sections par tous les temps. « Pendant vingt ans, il me faut convaincre ma fédé qu'elle doit porter la traîne de Mitterrand sans résistance. » En 1974, il organise pour le candidat unique de la gauche un grand meeting : « Je n'obtiens aucune salle dans les mairies socialistes. Elles refusent la présence des communistes à la tribune. Je dois me rabattre sur Béthune, la seule ville de droite du département. »

Sur les estrades, aux ducasses et aux fêtes de la rose, il trouve vite les mots qui touchent des électeurs avides de lyrisme ouvrier. Et encore en mai 2013, pour l'inauguration du Louvre-Lens, son enfant, son chef-d'œuvre : « J'ai grandi en face, à la fosse 12. Ici, c'était la fosse 7. Quand j'ai mis la première fois un costume pour aller passer le certificat d'études, on m'a demandé : "Delacroix, cela vous dit quelque chose ? Et Michel-Ange ?" Ce jour-là, le Louvre-Lens était né. » Son auditoire hurle de joie. Dans cette terre lensoise, tous se souviennent qu'à l'époque certains profs eux-mêmes n'étaient jamais allés au musée.

De l'histoire, Daniel Percheron retient surtout celle du bolchevisme. Son héros favori, c'est Lénine, qui a su imposer la dictature du prolétariat. Il analyse avec une langue de plomb la situation de la SFIO lorsqu'il accède aux responsabilités dans le département du Pas-de-Calais : « Dans les zones industrielles, où le parti communiste avançait inexorablement appuyé sur une CGT très militante et puissante, le PS incarnait une filiation plus guesdiste, c'est-à-dire, précise-t-il, plus verticale que jauressienne. Mais un guesdisme qui s'appuyait sur une déclinaison rudimentaire du marxisme pour ne pas perdre le contrôle sur les masses. »

Hélas, les belles théories léninistes se heurtent à cette réalité : il n'a pas d'argent, à la différence de ses adversaires communistes qui reversent intégralement au parti leurs indemnités d'élus. Et sans argent, pas de journal. Le premier fédéral Percheron s'avoue, dans toutes ses interviews, obsédé par le contrôle de la presse tel que le préconise le camarade Lénine. « J'augmente la cotisation des élus. J'ai ma propre imprimerie à la fédé. Aux chefs de section, je donne un modèle de tract à diffuser tous les quinze jours. Rassurés, ils deviennent intelligents... Chaque année, je commande aussi à la Sofres un sondage qui me permet de connaître les opinions politiques, syndicales et la perception des grands problèmes dans le département. »

L'objectif ? Contrôler les territoires, conquérir les beffrois pour y placer ce qu'il appelle « les syndicalistes des villes ». Le quadrillage méthodique du département se met en place. Chaque section a cinq obligations par an : faire un journal, mener une campagne, tenir une conférence de presse, organiser un événement et une fête de la rose.

Une à une, les villes tombent. Très vite, les effectifs des militants avoisinent les 12 000 et peuvent atteindre 15 000. Un exploit dans un département qui ne compte que 1 440 000 habitants. La fédé voisine du Nord n'enregistre, elle, que 8 000 militants pour une population de 2 600 000 habitants. Le Pas-de-Calais est en tête et y reste : « Mauroy n'aimait pas qu'on le lui rappelle. »

Le trésor des Houillères

Evidemment, le stratège guesdiste n'a pas accompli cette révolution tout seul. L'histoire retiendra que Daniel Percheron s'est encadré de deux compères. Deux militants, avec chacun des atouts utilisés adroitement et efficacement par leur diabolique parrain.

Jacques Mellick a des débuts exemplaires. A vingt-trois ans, il est secrétaire national aux Jeunesses socialistes. Il travaille dans une société d'HLM, Artois Logement, dont il est le directeur, ce qui lui donne aux yeux de ses camarades – tous profs – une aura de chef d'entreprise et de bon gestionnaire. Percheron invente pour lui le titre de « secrétaire à l'organisation et à la presse ». En fait, il est le trésorier de la fédé. En 1977, il arrache à la droite la mairie de Béthune, qu'il garde pendant près de trente ans. L'année suivante, il est député.

En récompense, le voilà ministre en 1988. D'abord comme secrétaire d'Etat aux Anciens Combattants. Un peu plus d'un mois. Avant de passer ministre des Transports et de la Mer, car Rocard a oublié d'en nommer un. En 1992, il est secrétaire d'Etat à la Défense. Mais c'est comme ami de Tapie que le maire de Béthune s'est le plus illustré. Dans l'affaire du match truqué OM-Valenciennes, il gagne le surnom de « maire le plus rapide de France ». En 1997, il est condamné pour « faux témoignage » à un an de prison avec sursis et cinq ans d'inéligibilité. Il fait appel et va gagner.

A la suite de Jospin, Strauss-Kahn et Martine réclament des sanctions dures : « Mellick devrait se mettre en congé du parti. » Mais, à Béthune, le « paria » est réélu avec 52 % des voix avant de devoir quand même abandonner son mandat. La puissante fédération du Pas-de-Calais le défend : « Le parti, c'est un bloc », répète Percheron.

En 2002, rebondissement inattendu. L'ancien maire gagne encore les élections municipales contre son ex-adjoint Bernard Seux, candidat officiel du parti. Ce dernier l'accuse d'avoir mis le feu volontairement à des bâtiments communaux et distribué de l'argent liquide à ses électeurs des HLM : « Quand je passais dans les cages d'immeubles, certains habitants me demandaient pourquoi je ne leur donnais rien. » Des méthodes sur lesquelles le parti cette fois préfère fermer les yeux. Le vainqueur a même eu l'investiture officielle du premier secrétaire François Hollande.

L'autre pilier du triumvirat, c'est Jean-Pierre Kucheida. Ce poids lourd à la barbe rousse est fils et petit-fils de mineurs polonais arrivés dans la vague des années 20, quand la France manquait de bras après la Première Guerre mondiale. Il est né en pleine guerre, le 24 février 1943, à Liévin. De ses ancêtres, il a hérité les qualités : courage, efficacité et loyauté sans faille. A la différence de Percheron, il aime le crépitement des flashes : « Que ce soit en montagne ou à vélo ou en canoë sur la Durance, il voulait toujours couper la ligne d'arrivée le premier », dit son ancien ami et adjoint Pierre Frackowiak. Il en conserve une stature d'athlète à laquelle s'ajoute une corpulence de notable. Lui aussi est prof. Sa spécialité : histoire-géographie, comme son mentor.

Dès la conquête de la fédération sur la SFIO, celui-ci le nomme « secrétaire aux études et à la documentation », c'est-à-dire, en termes moins marxistes-léninistes : « responsable de la propagande et de la stratégie électorale ». En 1973, il est, depuis deux ans, conseiller municipal de Liévin, il est aussi professeur au lycée de cette ville minière dont l'histoire coule dans ses veines.

En 1857, lors de la découverte du gisement de houille, ce n'était qu'une bourgade champêtre et agricole de 1 200 habitants. L'exploitation intensive du charbon la fait passer en un demi-siècle à plus de 25 000 habitants. Dans cette belle campagne, entre les terrils, les Compagnies des Mines font pousser des cités ouvrières et les fameux corons, des maisons en brique à deux étages, qui renaissent après chaque armistice dans leur pauvre géométrie.

A la Noël 1974, Liévin souffre d'une dernière tragédie : quarante-deux morts à la fosse Saint-Amé. A ses visiteurs, Jean-Pierre Kucheida montre le chevalement du puits gardé intact, qu'on aperçoit au loin depuis la fenêtre de son bureau. Son discours quotidien est directement inspiré par *Germinal*. En 2011, il en fait encore la démonstration dans le *Journal du Dimanche* : « Lorsque mon père est mort, il avait les poumons rongés par la silicose. J'ai vu mon grand-père finir sa vie accroché à sa bouteille d'oxygène. »

Heureux comme un socialiste en France

Un an plus tôt, devant la Chaîne parlementaire, il trouve des accents dignes de Zola pour défendre les gueules noires : « Toute ma famille a vécu dans le monde minier. Je sais quelle a été la peine de ces hommes. […] Je dis toujours à ma population : vous devez être fiers de vous, vous devez le dire à vos enfants, vos petits-enfants, mais aussi au reste de la France qui ne comprend pas toujours ce qu'elle vous doit. » Ancienne institutrice d'école maternelle, son épouse Françoise, à la flamboyante chevelure rousse, s'est convertie dans la chanson populaire aux mêmes accents réalistes, à vous tirer les larmes des yeux.

Pourtant, au départ, Kuche, comme l'appellent ses amis, doit tout à la chance. En 1981, le député-maire de Liévin, Henri Darras, meurt d'une crise cardiaque lors qu'un congrès HLM à Lyon. Les mauvaise langues affirment qu'il aimait trop les femmes. Dans sa chambre d'hôtel, les camarades ont retrouvé un « petit vison » oublié par une dame, qu'ils ont prestement escamoté. A trente-sept ans, son adjoint et suppléant hérite de tous ses mandats. Mais, le gros lot, il l'obtient grâce à la fin de l'exploitation des mines.

Après la fermeture du dernier puits, les Charbonnages de France et donc l'Etat restent propriétaires d'un patrimoine unique : 29 stades, 28 salles des fêtes, 51 églises et chapelles, 11 000 kilomètres de routes, 4 000 hectares de friches... Et surtout 85 000 logements, qui dans certaines communes représentent 30 à 50 % de l'offre disponible.

Le trésor des Houillères

Le visionnaire Percheron a bien compris l'enjeu. Ce pan entier de l'histoire ouvrière doit revenir aux élus socialistes du bassin minier. Maître des logements à réhabiliter, à détruire ou rebâtir, et des terrains à aménager en stades, zones industrielles et commerciales, le parti se substituera aux patrons d'hier. Il pourra fidéliser une clientèle d'électeurs, de militants, et, surtout, y trouver un financement pour les futures campagnes électorales.

Les Houillères et la droite, évidemment, n'y sont pas favorables. Et il faudra près de dix ans au redoutable tacticien pour obtenir gain de cause. A chaque congrès, il monnaie les votes de sa fédé au plus offrant. Une politique de petits pas et au final un incroyable cadeau offert, par la gauche au pouvoir, aux socialistes du Pas-de-Calais !

C'est François Mitterrand qui, le premier, en visite à Lens en 1983, annonce que les efforts du gouvernement porteront désormais sur la reconversion, et que, à ce titre, les élus locaux ont vocation à gérer le logement minier et ses politiques de réhabilitation.

C'est le gouvernement Fabius qui, en 1986, transfère le patrimoine immobilier à une société, la Soginorpa, Société de gestion immobilière du Nord-Pas-de-Calais. Mais les Houillères en restent maîtres.

C'est le gouvernement Rocard qui, en 1990, à la veille du congrès de Rennes, transfère enfin aux élus socialistes la gestion des logements miniers. Selon les vœux de Percheron, pour gérer et exploiter le trésor, une société d'économie mixte est créée, la Sacomi, Société d'aménagement de communes minières. A sa tête, le premier fédéral y nomme aussitôt son lieutenant, Kucheida. Mais quatre ans plus tard, un audit de l'inspection des Finances condamne en des termes sévères la gestion hautement fantaisiste, pour ne pas dire suspecte, du patron de la Sacomi. Et en janvier 1997, l'Etat, sous le gouvernement Juppé, récupère l'empire noir.

C'est avec l'arrivée de Jospin à Matignon en 2002 que Daniel Percheron trouve enfin la formule magique pour empêcher tout nouveau retour en arrière. Le conseil régional du Nord-Pas-du-Calais dont il est président crée un établissement public régional, Epinorpa, qui devient propriétaire unique de la Soginorpa : neuf cents salariés pour un chiffre d'affaires de 2,4 milliards d'euros.

Kucheida, l'heureux homme, cumule les deux présidences. Il est aussi à la tête, entre autres, des HLM avec Pas-de-Calais Habitat qui gère 35 000 logements, de la SEPAC, Société d'équipement du Pas-de-Calais... Et comme si cela ne suffisait pas, on l'a aussi bombardé président du Conseil supérieur de l'électricité et du gaz à Paris. Boulevard Haussmann, il a à sa disposition des bureaux, une petite équipe de chargés de mission et une carte Total avec laquelle il flambe sans limitation, quand il n'utilise pas celles de la Soginorpa ou de l'Epinorpa. Le voilà « plus riche propriétaire de France », comme il s'en

Le trésor des Houillères

vante sans honte. Promoteurs immobiliers et entreprises du bâtiment font la queue à l'hôtel de ville de Liévin, prêts à tout pour obtenir une part du pactole. En fils de mineur, le député-maire se lève tôt. Ses trois voitures stationnent devant la porte. Dès 8 heures, s'y ajoutent les limousines des habitués. A l'intérieur, les attend un petit déjeuner pantagruélique. « Des montagnes de charcuterie, d'œufs sous toutes leurs formes, des pains d'épices... se souvient l'un des participants. C'est là que tout se décidait. Kucheida ne travaillait qu'au petit déjeuner. »

Il est à la tête d'une ville de plus de 30 000 habitants. Bientôt, au sein de la communauté d'agglomération Lens-Liévin, ce sont trente-six maires qui lui portent allégeance. Chaque année, ils l'entourent lors de la cérémonie des vœux sous le buste de Jaurès dans sa mairie, un extravagant château à tourelles qui domine la ville et qui n'est autre que l'ancien siège social de la Compagnie des Mines. Désormais, c'est lui le roi de Liévin, lui qui est le mécène de tout le département. Et c'est le parti socialiste qui en profite au premier chef. Avec 1 200 adhérents à jour de leurs cotisations, la section de Liévin est la première de France. Citée en exemple rue de Solferino. En tête aussi, la fédération du Pas-de-Calais représente, en 2001, 12 % de tous les militants du pays. Elle verse chaque année, 1,2 million d'euros à la direction du parti : « Un fleuve d'argent ! », conclut Percheron.

En 1994, Mitterrand est mourant. Mais toujours là. Le premier fédéral du Pas-de-Calais a été l'un de ses plus anciens supporters : « Qu'est-ce que je peux faire pour vous ? lui demande le Président. — Venez chez moi ! »

Emmanuelli, alors premier secrétaire, cherche une ville pour le congrès. Un congrès historique puisque le parti doit y décider de son candidat à la présidence de la République. Percheron lui relate sa conversation à l'Elysée et suggère Liévin : « Ton socialisme municipal t'égare ! », lance Emmanuelli. Et pourtant, le congrès se tient bien à Liévin, qui, contrairement aux usages, n'est pas une préfecture mais un simple chef-lieu de canton.

Autre surprise ! Mitterrand fait son apparition à la gare. Livide, sous son chapeau noir, il ne se dirige pas vers le palais des sports où le parti tient ses assises. Mais vers la mairie où, devant des militants en larmes, il fait un grand discours et leur recommande « d'accrocher du bleu au ciel ». Puis, Jean-Pierre Kucheida invite quelques privilégiés chez lui à des agapes à la hauteur de ce jour mémorable : anguilles au vert et roses en meringue préparées par son cousin Marc Meurin, aujourd'hui chef à Busnes, le seul deux étoiles du Pas-de-Calais. Et pour que personne n'oublie cette heure de gloire, il commande pour la salle des fêtes de l'hôtel de ville une grande fresque où le roi de Liévin se tient à la droite du président de la République.

En potentat local, grisé par ses bonnes fortunes, Kuche aime en faire profiter ses amis. Il les invite dans les grands restaurants avec sa carte de président de la Soginorpa : en août 2005, 1 624 euros chez Marc Veyrat, dans la région d'Annecy où le couple Kucheida possède désormais un chalet. En mai 2007, le dimanche de la Pentecôte, il est à Busnes, chez son cousin. La note s'élève à 1 006 euros. Une autre fois, elle est de 952 euros. Le comptable de la Soginorpa ne s'y retrouve plus : il attire l'attention de la direction sur un solde injustifié de 5 000 euros sur « la carte affaire » du président : « Je pense aussi avoir du mal à expliquer aux commissaires aux comptes les dépenses payées aux Emirats arabes unis et les nombreuses factures de parking dans les aéroports parisiens [1]. »

Ses camarades, eux, ne s'en étonnent pas. Beaucoup racontent ce qui est désormais de notoriété publique : « Kuche, il nous a tous invités dans les années 90 à fêter son premier milliard de francs ! » Un avocat qui l'a rencontré à Lesquin, l'aéroport de Lille, s'est quand même montré surpris quand le député-maire lui a confié d'un air soucieux : « Je me rends en Floride. J'ai là-bas des problèmes de plomberie. »

En 1999, il est mis en examen pour « prise illégale d'intérêts et complicité d'abus de confiance » à propos de la vente à son fils d'une maison minière à un prix anormalement bas. Les frais de notaire de 7 927 euros ont même été payés par le vendeur, la Sacomi, dont papa était le président.

---

1. Voir l'ouvrage de Benoît Collombat et David Servenay, *La Fédé : comment les socialistes ont perdu le Nord*, Seuil, 2012.

Heureux comme un socialiste en France

Un an plus tôt, André Delelis, maire de Lens pendant plus de trente ans, lançait une diatribe prémonitoire sur les risques de corruption engendrés par la désormais toute-puissance immobilière des socialistes : « Moi, j'avais toujours dit : "Ne demandez pas à devenir propriétaires", et ils n'ont pas voulu m'écouter. Ils ont voulu être les gérants de ce patrimoine, et ils ont mis le plus mauvais d'entre eux, qui s'appelait Kucheida. Parce que Kucheida est un bon député, c'est un homme actif et dynamique, mais c'est un homme pervers. C'est lui-même un gars de la cité minière qui ne pense qu'à une chose : l'ivresse du pouvoir et disposer de tous les aspects matériels de ce pouvoir, qui fonce tête baissée et qui fait vendre une maison à son fils dans des conditions tout à fait hors du droit commun. »

Mais pourquoi se gêner ! Quand les deux fils de Jacques Mellick installent leurs pharmacies avec une facilité déconcertante. En 1989, le préfet du Pas-de-Calais autorise l'ouverture d'une officine à Jacques Mellick Junior dans un centre commercial d'Auchan alors qu'un autre pharmacien s'est vu refuser son permis d'implantation. Le groupe Mulliez, pourtant réputé « près de ses sous », ne lui demande pas non plus le droit d'entrée, normalement fixé à 300 000 euros. Soutien du mouvement de Dominique Strauss-Kahn « A gauche, en Europe-62 », Jacques Mellick Junior s'est rendu à deux reprises en 2010 et 2011 à Washington pour rencontrer le futur candidat dans son bureau du

Le trésor des Houillères

FMI. Comme son ami Fabrice Paszkowski, gérant de Médicalis, mis en examen dans l'affaire du Carlton. Quand on demande à Mellick père ce que son fils est allé faire à Washington, le faux témoin de Tapie répond : « Mon fils est un ami personnel de DSK, il travaillait pour lui. Il lui a rédigé des rapports sur le médicament et la Sécurité sociale. » On peut espérer que l'aîné n'a pas demandé de conseils à son cadet, Miguel, lui aussi pharmacien et installé à Béthune. Mis en examen pour avoir fabriqué de fausses vignettes de Sécu sur un médicament acheté en Belgique, il a été condamné à quatre mois de prison avec sursis.

Ah, les enfants ! Dans ce Pas-de-Calais entièrement verrouillé par le PS, comme sous l'Ancien Régime, ils ont des privilèges en quelque sorte naturels. Marie Kucheida, photographe, a obtenu de son père un contrat de 15 000 euros pour une exposition. Le 7 mars 2010, au cours de sa campagne pour les élections régionales, Marine Le Pen donne la longue liste de tous les rejetons qui profitent du pouvoir de papa pour avoir un poste au conseil régional.

En tête, Alice et Elvire Percheron, les deux filles du président. Puis David Janquin, fils d'un ex-premier fédéral, Marie Kucheida, fille du maire de Liévin, Jérôme et Sandrine Frimat, enfants du sénateur Bernard Frimat, Justine et Sophie Darras, toutes deux filles de Jérôme Darras, ex-directeur de cabinet du président Percheron et récemment nommé inspecteur régional, lui-même fils d'Henri Darras, ancien député-maire de Liévin...

La présidente du Front national, elle-même illustre fille à papa, a choisi pour s'implanter la commune d'Hénin-Beaumont. C'est là, dans cette ville minière, que le scandale est arrivé. A la mairie, Percheron et Kucheida ont mis sur orbite en 2001 un de leurs protégés, Gérard Dalongeville. Hénin, jadis Hénin-Liétard, est, elle aussi, une bourgade qui a grossi avec le charbon et tente aujourd'hui de lutter contre le déclin. Elle s'est associée à une autre commune, Beaumont, avec des terres autrefois consacrées à l'agriculture mais où désormais les quartiers neufs côtoient une zone commerciale et industrielle en pleine expansion. Pour les aménager, la mairie a créé une société d'économie mixte (SEM), la Saemic. Florissante, elle gère près de 1 000 logements.

Le roi de Liévin louche sur ce magot que ne veut pas lui céder le maire en place. Et quand on n'est pas discipliné, dans le Pas-de-Calais, on est vite remplacé. Dalongeville sait ce qu'il doit à son tout-puissant voisin. Aussitôt élu, il fait allégeance. Car Kucheida et la fédé ont un nouveau grand projet : fusionner toutes les SEM du pays minier, officiellement pour faire des économies, en réalité pour dominer définitivement l'aménagement de cette terre socialiste. Aujourd'hui omniprésente sur les chantiers du département, Adevia a encore obtenu, en 2005, le chantier du Louvre-Lens attribué par

Le trésor des Houillères

le conseil régional. Bien entendu, Jean-Pierre Kucheida en est alors le vice-président.

Pour Dalongeville, avec sa faconde de bon vivant, le député-maire de Liévin est un modèle. Comme lui, il se fait pousser la barbe. Comme lui, il commence à profiter des largesses des chefs d'entreprise qu'il rétribue grassement pour des tâches normalement dévolues aux employés de la ville. Il possède huit téléphones portables. Il voyage aux Etats-Unis, au Mexique, au Maroc, en Tunisie, au Portugal… Dans son bureau, sous le buste de Jaurès, est caché un coffre que son premier adjoint aux finances, Claude Chopin, remplit régulièrement avec de grosses enveloppes[1]. En toute impunité : « Dans le Pas-de-Calais, les juges étaient socialistes, les flics étaient socialistes… on le savait tous », dit un membre du parti. Le 21 février 2008, François Hollande, encore patron du PS, vient soutenir Gérard, candidat à Hénin-Beaumont, face au Front national. Il remet à Claude Chopin la médaille des cinquante ans de socialisme.

Le scandale éclate quelques mois plus tard, lorsque la chambre régionale des comptes dénonce des irrégularités dans la gestion de la mairie. Dans le coffre-fort, les policiers découvrent 13 000 euros dont Dalongeville commence par soutenir ne pas savoir d'où ils proviennent. Il affirme même ne pas connaître l'existence de ce coffre. Il n'en aurait jamais eu les clefs. Le soir même, il est mis en

---

1. Voir *La Fédé : Comment les socialistes ont perdu le Nord*, op. cit.

examen pour « détournement de fonds publics, faux en écriture et favoritisme dans une histoire de fausses factures ». Placé en détention provisoire, il tient huit mois.

Le bureau fédéral réunit un conseil de guerre. Les camarades sont partagés sur la question du soutien ou non à Dalongeville. Percheron écoute et conclut : « Une majorité d'entre vous semble prête à lâcher Gérard. Si vous le lâchez, je le lâche. Mais s'il tombe, je vous préviens, il tombera avec la nappe et les couverts. »

Comme toujours, le vétéran du Pas-de-Calais est bon prophète. Lors de son retour à la case prison, l'apprenti sorcier d'Hénin-Beaumont craque et adresse le 11 décembre 2010 une lettre à la juge d'instruction : « L'argent du coffre, c'est l'argent du parti. »

Percheron s'indigne : « Dalongeville ! Je ne l'ai jamais vu à la fédé ! » A sa sortie de prison, le délateur est exfiltré chez sa mère, en Lorraine. Peine perdue, il y entame la rédaction d'un brûlot qui paraît en février 2012, au début de la campagne présidentielle, sous un titre éloquent : *Rose Mafia*. Il dénonce pêle-mêle les pots-de-vin, le saucissonnage des marchés publics, les délits de favoritisme, les emplois fictifs rétribués au prix fort, les cartes truquées, le matériel surfacturé, les centaines de millions de subventions de l'Etat dilapidés et toute cette délinquance en col blanc qui alimente la prospérité de la fédé du Pas-de-Calais. Dès ce jour, à partir de cette accusation meurtrière, commence la ronde infernale des dénonciations, des attaques, des révélations, des fausses vérités et des vrais mensonges.

Inexorable, la justice poursuit ses investigations. Premier épinglé, Jean-Pierre Kucheida, dont la chambre régionale des comptes critique la gestion à la tête d'Adevia mais aussi d'Epinorpa. Quant à la Soginorpa, elle atteint « à peine 20 % des objectifs fixés ces dernières années ». Et comme des licenciements sont à l'ordre du jour, la CFDT de la Soginorpa a aussi commandé à un cabinet indépendant un audit qui confirme les anomalies et une volonté de « masquer les pertes qui pourraient avoisiner les 173 millions d'euros ». Un comble !

La commission Richard n'est pas non plus rentrée bredouille de ses six mois d'investigations. Le placide sénateur a découvert, incrédule, l'existence de sections fictives avec quatre ou cinq adhérents. Plus grave, d'autres se sont constituées en associations pour ouvrir des comptes en banque, échappant à toute espèce de contrôle. Une fois sur deux, elles demandent aux adhérents de payer leurs cotisations en liquide. La section de Liévin, si riche en militants, possède ainsi une caisse noire de 120 000 euros. Bizarrement, le trésorier de la section, Laurent Duporge, qui est aussi celui de la fédération, s'avoue incapable de justifier l'origine de ces fonds, placés en sicav sur un compte bancaire !

Le 26 juin 2012, Martine Aubry décrète la mise sous tutelle de la fédé du Pas-de-Calais. 36 sections sont dissoutes sur un total de 184. Un mois plus tôt, le bureau du parti a déjà voté l'exclusion de Jean-Pierre Kucheida qui a déposé sa candidature aux législatives dans la 12e circonscription du Pas-de-Calais, où le parti a investi un autre candidat, Nicolas Bays.

Le débat sur ces lourdes peines, au sein du bureau national, est violent. Les murs tremblent rue de Solferino. Une véritable altercation oppose à Martine Aubry la première secrétaire fédérale Catherine Génisson, médecin anesthésiste d'Arras connue pourtant pour sa sagesse. Le 30 mai, à Annequin, un gros bourg dont son suppléant est maire, le banni, devant une centaine de militants, s'en prend à « la tsarine » Martine Aubry et à « l'escroc » Montebourg. Mellick est dans la salle. Percheron, sur l'estrade, aux côtés du candidat qui promet de régler ses comptes : « Je continuerai à vouer ma vie à ce parti même s'il ne veut plus de moi pour le moment... Et ce que j'aurai à dire, je le dirai après le second tour des législatives. »

Un an auparavant, François Hollande était sur cette même estrade encadré du même rideau rouge, et des mêmes trois piliers de la fédé du Pas-de-Calais, élus et réélus depuis trente ans avec des scores dignes du Kremlin. Aux municipales de 2008, le roi de Liévin a encore obtenu 75 % des voix.

Mais dans le bassin minier le vent tourne. Dès le premier tour, une bourrasque lui arrache sa couronne. Lui devant qui se courbaient tous les maires des environs n'atteint pas les 12,5 % qui lui permettraient de se maintenir. Le 25 juin 2012, il quitte la présidence de l'Epinorpa et de la Soginorpa. Cinq enquêtes préliminaires à son encontre ont été ouvertes au tribunal de grande instance de Lille. Les réquisitions sont très lourdes : six mois de prison avec sursis, 70 000 euros d'amende, cinq ans d'interdiction de fonction publique. Il n'écope que de 30 000 euros d'amende. Sagement, il ne fait pas appel.

Le 20 janvier 2013, comme il l'a annoncé le jour de sa défaite aux législatives, il cède son fauteuil de maire qu'il transmet à son fidèle premier adjoint Laurent Duporge. Avec de beaux sanglots dans la voix, il dit mettre fin à sa carrière politique nationale. Mais il est clair que, malgré les abus de biens sociaux dont la justice le soupçonne, il ne renonce nullement à ses immenses pouvoirs locaux. A commencer par la communauté d'agglomération Lens-Liévin dont il conserve la présidence et qui pèse un budget sept fois supérieur à celui de la ville.

A son habitude, le président du conseil régional Percheron fait « bloc » et défend le soldat Kucheida : « Il s'est montré un peu trop gourmand, voilà tout ! »

Mais y croit-il vraiment ? Il sait désormais que ses jours, à lui aussi, sont comptés.

9

La dame du Nord

Martine Aubry a gagné une bataille. Mais elle, qui par la faute de son caractère impossible ne manque pas d'ennemis dans la région, s'en est fait quelques-uns de plus dans le Pas-de-Calais. Et malheur à elle si elle devait un jour tomber à son tour sous le regard des juges.

La maire de Lille, au contraire de Pierre Mauroy, n'a jamais su se ménager une coexistence heureuse avec la fédération voisine du Pas-de-Calais. Ses relations sont exécrables avec tous ces « nuls » qui la dirigent et notamment avec le patron de la région, Daniel Percheron.

Depuis l'exclusion de Jean-Pierre Kucheida, la guerre est ouverte. Nicolas Bays, jeune fils de mineur de trente-cinq ans et son successeur à Liévin, a, dès sa victoire, reçu un coup de téléphone de la dame du Nord : « Elle m'a dit que le courage payait et qu'on allait reconstruire le parti. » A Béthune, elle a aussi soutenu ouvertement le nouveau maire, Stéphane Saint-André, un radical de gauche investi par le parti après avoir été assistant parlementaire d'une grande figure socialiste du Pas-de-Calais, Roland Huguet. Lui aussi a gagné en dénonçant le « système Mellick ».

Aux intrépides qui continuent de soutenir la vieille garde, Martine Aubry profère des menaces : « Tous ceux-là ne seront plus socialistes dans quelques jours. » Dans *Nord-Eclair*, la robuste Odette Duriez, sénatrice et maire de Cambrin, s'emporte : « C'est scandaleux... Il faudrait qu'on ramasse toutes les cartes et qu'on les envoie à Martine Aubry. » Dans son opération de grande purification, la maire de Lille, qui n'a pas nettoyé Marseille, veut installer à la présidence de la région le plus fidèle de ses fidèles, Pierre de Saintignon, qui l'a cornaquée lors de son parachutage à Lille.

Elle piaffe. Et crève d'être obligée d'attendre 2015. Depuis le congrès de Reims qui l'a sacrée premier secrétaire, elle a fait du non-cumul des mandats son cheval de bataille. Premier sur la liste des têtes à couper : Daniel Percheron, sénateur et président de la région. « Le non-cumul, c'est uniquement pour que je dégage », dit-il avec un sourire de martyr.

A chaque cérémonie dans la région, dès qu'elle l'aperçoit, elle tourne les talons. Et encore lors de l'inauguration de l'auditorium de Lille, entièrement financé par le conseil régional. « Pour une poignée de gaufres », a conclu dans son discours Daniel Percheron. Martine Aubry adore en effet

La dame du Nord

offrir cette spécialité du pâtissier lillois Meert dont le patron, Thierry Landron, compte parmi ses meilleurs amis.

Autre sujet de discorde : le projet de RER qui doit relier le bassin minier à la capitale des Flandres, décongestionner l'autoroute du Nord et faciliter la vie de milliers de salariés obligés chaque jour de prendre leur voiture pour venir travailler à Lille. Avec en prime une troisième gare de TGV à l'aéroport de Lesquin. Martine a enterré le projet. Pourquoi ? Parce que ce n'est pas elle qui en a eu l'idée mais Daniel Percheron. Et surtout parce qu'elle préfère privilégier le développement du nord de Lille et favoriser les maires modérés susceptibles de voter pour elle à la communauté urbaine : « C'est criminel ! », s'indigne la chambre de commerce. Les préfets de région, quand ils arrivent à Lille, ne veulent pas croire ceux qui les initient à ces méandres de la vie locale du parti socialiste. Quelques mois plus tard, ils ne peuvent que s'écrier : « C'est pire que ce qu'on avait imaginé ! » Avec des conséquences économiques irréversibles pour le développement de la région.

Car pendant que l'on tergiverse, Bruxelles et Amsterdam ont construit leur gare souterraine pour accueillir les TGV allemands et européens qui, désormais, ne s'arrêtent plus à Lille. Faire de la capitale des Flandres une des plaques tournantes de l'Europe, c'était pourtant le grand projet de Pierre Mauroy dont toute l'équipe a désormais rejoint Daniel Percheron au conseil régional.

Heureux comme un socialiste en France

Pierre de Saintignon est son premier vice-président. L'œil de Martine ne le lâche pas. Et caresse déjà le fauteuil convoité : « C'est acté », répète-t-il aux chefs d'entreprise. On sait bien dans la région que les successions chez les socialistes se font sans le secours du vote démocratique. Mais cette fois, le chevalier blanc de Martine risque d'attendre encore longtemps. Car pour les élections régionales, Daniel Percheron a imaginé une tout autre stratégie. Il part d'un constat simple : selon les sondages, le FN de Marine Le Pen risque bien d'arriver en tête en 2015, et les socialistes en troisième position derrière l'UMP. Pour que la région ne leur échappe pas, une seule solution : faire venir celui qui a réenchanté Valenciennes, Jean-Louis Borloo. Et réaliser avec lui une de ces unions dont Daniel Percheron a le secret, lui qui a obligé les socialistes à donner, en 1992, la présidence de la région à la verte Marie-Christine Blandin plutôt que de la laisser à la droite. Au cours de cette nuit célèbre, il avait fallu réveiller Pierre Mauroy et Georges Marchais pour avoir leur accord.

Dans le Pas-de-Calais, dont la fédération est toujours sous tutelle, le brillant stratège a imaginé de regrouper dans une superstructure les agglomérations de droite d'Arras et de Douai avec les fiefs socialistes de Béthune et surtout de Lens-Liévin, dont le président est toujours le sulfureux Jean-Pierre Kucheida. Et pour la présidence ? « Elle sera annuelle et tournante par ordre alphabétique », a

La dame du Nord

déclaré le machiavélique Daniel Percheron. Première de la liste : Arras, une ville de droite. Une bonne façon de noyer le poisson et de se refaire une virginité en attendant de voir réapparaître un socialiste. Quant à la présidence de la Soginorpa, un cadeau qui ne se refuse pas, il l'a offerte, au nom des intérêts supérieurs du bassin minier, à Jacques Vernier, le maire UMP de Douai. Le temps que son directeur financier et ex-bras droit au conseil régional, Dominique Soyez, époussette les bilans désastreux de Jean-Pierre Kucheida.

C'est compter sans l'acharnement de son ennemie personnelle. La dame du Nord n'en démord pas. Elle veut placer un ou une fidèle à la tête de la fédération et reconstituer ainsi, sous sa houlette, la sainte alliance socialiste du Nord et du Pas-de-Calais qui ferait la loi sur le parti et peut-être sur l'Etat. Les policiers et les magistrats, mobilisés sur toutes ces affaires financières et plongés dans des comptabilités parfois très approximatives, ne soupçonnent pas tout l'arrière-plan politique qui se profile derrière les instructions.

La « dame des trente-cinq heures » a hérité dans le Nord d'un royaume, socialiste depuis bientôt cent vingt ans. Gustave Delory, premier maire socialiste de Lille à la fin du XIXe siècle, a été dès l'âge de onze ans ouvrier dans une filature comme son père et son grand-père. A vingt-quatre ans, il a fondé le parti ouvrier dans le département, vendu le journal de Jules Guesde à la criée et conquis la ville grâce à une alliance avec les radicaux. Après lui, le socialisme n'a connu que trois éclipses à Lille : au début du XXe siècle, sous l'Occupation avec un maire pétainiste et à la Libération avec un gaulliste.

Mais le grand homme, dans ce panthéon socialiste qu'est le beffroi de Lille, c'est Pierre Mauroy. Fils d'instituteur, à l'âge de huit ans il défilait déjà sur les pavés avec autour du cou le foulard des faucons rouges au milieu des ouvriers dont le poing levé faisait frissonner les patrons des usines textiles. La ville lui doit ses plus grandes transformations à l'heure où elle souffre de la quasi-disparition des industries de la laine et du coton. Comme Premier ministre de Mitterrand, il a obtenu le tunnel sous la Manche qui a fait de la région le centre géographique de l'Union européenne. Grâce à sa bonne entente avec Jacques Chirac, il y a fait venir le TGV.

Il est aussi l'artisan d'une révolution politique. Quand il accède à la mairie en 1973, les socialistes pratiquent la lutte des classes avec autant d'absolutisme que leurs rivaux communistes. Ils n'ont aucune relation avec la droite catholique ni avec la bourgeoisie. Pourtant, au lendemain de la Libération, les patrons du Nord sont à l'origine du 1 % logement et aussi des allocations familiales. Mais les traces sanglantes des luttes ouvrières et des grandes grèves ne sont pas effacées.

Pierre Mauroy, jeune élu, ne doit pas mettre les pieds à la chambre de commerce dont le beffroi magnifiquement ouvragé défie celui de la mairie

La dame du Nord

moderne tenue par les socialistes d'une main de fer. Avec son aura de Premier ministre, il met en œuvre une politique de concertation tous azimuts dont il se fait le chantre et le praticien débonnaire. La droite, la bourgeoisie, le patronat ne sont plus les visages du diable. Mauroy lui-même, s'il ne manque jamais d'évoquer l'histoire ouvrière de la région et les luttes du passé avec des accents qui enthousiasment les congrès socialistes, revendique la social-démocratie à l'allemande, plutôt qu'un marxisme dont le parti a du mal à se dépouiller.

Pour lui, le poing sur la rose c'est plutôt la main tendue, ouverte, distribuant les pétales à la volée. C'est l'époque où la communauté urbaine (Lille-Métropole-Communauté urbaine) lui donne la puissance de feu nécessaire pour ouvrir ses grands chantiers. Elle regroupe quatre-vingts communes, représente 1 million d'habitants et un budget huit fois supérieur à celui de Lille. Dès 2001, il y pratique ouvertement une sorte de cogestion avec le chef de file de la droite, Marc-Philippe Daubresse, député-maire UMP de Lambersart : « Maintenant, on oublie la politique et on travaille tous ensemble », a-t-il coutume de répéter. Les deux hommes sont taillés pour s'entendre. Ils ont la même volumineuse stature, acquise à coups de cornets de frites et de chopes de bière.

L'élu de droite, premier vice-président de la communauté, soutient ouvertement Mauroy dans ses initiatives et ses projets. En 2008, il est réélu à son poste en charge de l'urbanisme, c'est-à-dire les grands chantiers du triangle Lille-Roubaix-Tourcoing. Entre-temps, il a été deux ans ministre délégué au Logement sous la présidence de Jacques Chirac.

La plus scandalisée par ce « consensus », c'est Martine Aubry, désormais maire de Lille. Elle le formule à son habitude sans ménagement diplomatique : « Non, ce n'est pas possible de fonctionner de cette façon. » Pourtant, en février 2008, lorsque Pierre Mauroy fait ses adieux à la communauté, il arrache des larmes à toute l'assemblée, gauche et droite confondues : « Nous nous sommes développés en unissant nos efforts, dit-il de sa voix de baryton. Maintenant, il faut aller plus loin et plus haut. » La presse belge salue la leçon du patriarche lillois en y voyant un modèle pour faire vivre ensemble à Bruxelles des communautés incorrigiblement antagonistes.

Fort de son expérience, Marc-Philippe Daubresse suggère à Martine de mettre en place le type de cohabitation que Sarkozy a établi à l'Assemblée nationale, où la présidence de la commission des Finances revient à l'opposition. Son interlocutrice tape du poing sur la table : « Pas question de poursuivre la politique à la Mauroy. Mes alliés, ce sont les Verts et les communistes. Vous, vous êtes l'opposition. »

A mi-voix, de peur de se faire couper les vivres, des petits malins de droite font remarquer que la dame du Nord n'a pourtant pas sur le papier une majorité aussi tranchée que dans les urnes. La communauté urbaine sort d'une chaude bataille autour du projet fastueux et contesté du Grand Stade. Et il y a beaucoup d'ombres et de brouillards sur le choix définitif du projet. Dans cette affaire, le calendrier dit bien des choses.

Le principe de la construction d'un stade de 50 000 places est retenu dès 2006 pour accueillir dix ans plus tard les matchs de l'Euro de football. Les écologistes lillois protestent aussitôt contre ce ruineux investissement : « Il serait plus sage de rénover le vieux stade Grimonprez-Joorris. » Martine Aubry partage alors leur avis.

Après des mois de tergiversations, enfin, le 21 janvier 2008, le directeur des services techniques de la ville présente devant le bureau de la communauté présidée par Pierre Mauroy son rapport sur les trois projets en course. Le plus ambitieux, c'est le stade Eiffage, entièrement couvert, avec une pelouse rétractable qui laisse apparaître une salle de 27 000 places pouvant accueillir des grands noms du spectacle. Mais il est aussi le plus cher. Et de loin. Plus de 100 millions d'euros. Les services techniques de la communauté lui ont préféré le projet Norpac, une filiale de Bouygues, qui a l'avantage considérable de rester dans les limites financières prévues. Le patriarche lillois approuve : « Le projet d'Eiffage a séduit beaucoup de monde y compris moi-même, mais la différence de coût est considérable et je me suis engagé pour que l'on reste dans des limites raisonnables avec une redevance annuelle ne dépassant pas 10 millions d'euros. » C'est alors qu'intervient Henri Ségard, pharmacien et maire de Comines. A la communauté urbaine, il est à la tête d'un groupe charnière : « Métropole Passions Communes », qui représente quarante-sept petites communes de droite. Lui, il est pour Eiffage. La présentation du projet devant tous les élus doit avoir lieu le 27 janvier. Il reste six jours aux uns et aux autres pour se concerter, négocier, magouiller.

Le 1er février, le bureau de la communauté urbaine présidée par Pierre Mauroy se réunit à huis clos à 10 heures du matin pour effectuer le choix définitif, capital tant pour Lille que pour la région. C'est la dernière séance du grand leader du socialisme du Nord qui va laisser son fauteuil à son orageuse dauphine. Dès le début de la discussion, il constate que, bizarrement, la girouette a tourné. Martine Aubry elle-même, que ses adversaires appelle la « Méremptoire », prononce un étonnant jugement de Salomon : « Si la majorité est pour Eiffage, je voterai Eiffage, et si c'est Norpac, je voterai Norpac. »

Pierre Mauroy, accablé, tente un baroud d'honneur en déclarant qu'il faut choisir un projet restant dans « l'épure financière ». Et comment faire puisque les services techniques ont affirmé noir sur blanc que le luxueux projet d'Eiffage se situe très au-dessus des limites de ce que la région peut

La dame du Nord

s'offrir ? Le directeur des services a alors cette réponse incroyable : « Il suffit de modifier le rapport technique. » En bon français, cela s'appelle faire un faux. Mais la séance se déroule à huis clos.

Quelques jours plus tard, dans l'hémicycle de la communauté urbaine, le projet Eiffage est adopté par une majorité de 82 % des voix. Le 18 avril, la maire de Lille s'assoit dans le fauteuil de Pierre Mauroy avec le soutien, entre autres, des maires du groupe « Métropole Passions Communes » présidé par Henri Ségard, aussitôt nommé vice-président. De là à insinuer que Martine Aubry aurait pu donner un coup de main au génie des urnes comme elle le fera au congrès de Reims à la fin de cette année-là...

De la belle ouvrage !

Les élus de la communauté attendront cinq mois pour avoir entre les mains le nouveau rapport laborieusement confectionné. Il donne à Eiffage la note de 7,1 et à Norpac 7 points tout juste : « Nous avons voté sans avoir sous les yeux le nouveau rapport. Seules quelques lignes ont été changées, c'est peu pour une différence de prix de 80 millions d'euros », dit Marc-Philippe Daubresse.

L'architecte auteur du projet Norpac a beau fulminer et réclamer un recours devant le tribunal administratif, Martin Bouygues n'a aucune envie de livrer bataille contre un gros client. Pourtant il clame comme Vinci, autre entreprise concurrente, que, s'ils avaient su qu'ils pouvaient dépasser le budget, ils auraient fait aussi bien qu'Eiffage. Voire mieux. Dernier fâcheux accident, en novembre 2013, le concert du groupe Dépêche Mode a dû être annulé à la dernière minute lorsque les organisateurs se sont aperçus qu'il n'y avait pas de chauffage prévu dans la salle. Il a fallu rembourser tous les billets et indemniser les musiciens de renommée mondiale.

Plusieurs plaintes sont déposées, dénonçant le tour de passe-passe invraisemblable qui va coûter cher aux contribuables. Car la dame du Nord ne trouve pas une entreprise volontaire pour le « naming » : donner son nom au stade en échange d'un budget de publicité. En désespoir de cause, elle s'empresse de le baptiser « Grand Stade Pierre-Mauroy », ce qui, une fois de plus, doit faire se retourner Gros Quinquin dans sa tombe. Lui qui était loin d'être un fan de foot !

C'est dans la petite ville de Comines que la trahison du maire provoque le plus de remue-ménage. Plusieurs conseillers municipaux démissionnent et, en 2011, il faut procéder à une nouvelle élection municipale. Cette fois, le pharmacien Ségard choisit ouvertement de s'allier avec les socialistes.

Du jamais-vu dans le Nord, Gilles Pargneaux, premier secrétaire de la fédération, vient convaincre les militants de Comines d'intégrer la liste de l'adversaire de droite : « Il nous a dit que l'avenir politique de Martine Aubry en dépendait, explique, dans le quotidien *La Voix du Nord*, David Paris, tête de liste de la gauche en 2008, que si Ségard n'était pas élu, Daubresse prendrait la tête de la communauté. Nous avons été impressionnés et nous avons accepté. »

Mais le crime ne paie pas toujours. C'est l'ex-adjoint de Ségard qui est élu. Et, à la différence de son prédécesseur, ce plombier, adhérent UMP, est surtout un fidèle de Marc-Philippe Daubresse. Ce qui doit donner quelques sueurs froides à Martine pour sa réélection à la communauté urbaine.

Depuis, le pharmacien de Comines refuse de parler aux journalistes. Martine Aubry l'a remplacé par un camarade socialiste, le maire de Tourcoing, Michel-François Delannoy, désormais son numéro deux. Hélas, c'est aussi dans cette ville, autrefois capitale mondiale du textile, qu'a pris son envol l'étoile ascendante de l'UMP dans le Nord. Aux dernières législatives, Gérald Darmanin, trente ans, a été élu député de Tourcoing. Il va se présenter aux municipales. Et il compte bien ne pas en rester là.

10

La rose et l'argent

Les socialistes ne sont pas des saints. Pas plus que leurs adversaires. Mais pour eux, la promotion sociale passe par celle que leur consent le parti. Venant de milieux plus modestes que la droite, l'argent devient une aubaine. Même lorsqu'il s'agit de petits arrangements financiers qu'un sénateur Dassault jugerait dérisoires. Devenu Premier ministre, un Pierre Bérégovoy, issu de la classe ouvrière, risque son honneur et même sa vie pour s'acheter un appartement à proximité de l'avenue Foch, dans la terre de prédilection des milliardaires.

Une carrière au parti socialiste réserve les mêmes possibilités d'avancement que la fonction publique. D'ailleurs, en France, les deux se confondent souvent. Un professeur de collège technique ou un inspecteur du travail, dès le début de son ascension dans le parti et ses premiers mandats, va changer de train de vie et s'habituer aux avantages matériels avant même d'avoir connu la respectabilité et les titres. Un jeune diplômé de l'université, de

Sciences-Po ou de l'ENA, même un peu anarchiste, a toutes les chances de se transformer en un notable plus bourgeois que bohème dès qu'il accède aux cabinets ministériels. Nombre d'entre eux sont d'ailleurs peuplés d'enfants de profs qui ont intégré des lycées prestigieux comme Henri-IV, puis les « bonnes prépas » conduisant aux grandes écoles.

Ce corps enseignant est « entièrement » au PS dont il constitue la clientèle choyée. A Paris, tous les directeurs d'école bénéficient d'un logement de fonction. Pas moins de sept cents profs sont directement et officiellement employés par la mairie. Et beaucoup d'entre eux sont détachés à la présidence d'associations culturelles ou sportives, notamment depuis la réforme des rythmes scolaires. Si l'on excepte les banlieues difficiles, c'est aujourd'hui une caste largement privilégiée.

Etre prof, c'est bénéficier de seize semaines de vacances quand le reste des Français en a cinq et, malgré la loi des trente-cinq heures, de n'en faire réellement que vingt. Cette question du travail efficace, de l'absentéisme est lancinante et explosive chaque fois que le gouvernement est socialiste. Savary, Chevènement, Jospin qui se sont succédé rue de Grenelle ont tous trois été aux prises avec les revendications parfois âpres des syndicats qui représentent nos 100 000 enseignants. Claude Allègre qui voulait dégraisser le mammouth a vite été remplacé par Jack Lang. Vincent Peillon, sans doute pour se faire pardonner sa réforme des rythmes scolaires, a encore accordé aux profs, à la rentrée 2013, des avantages qu'il qualifie de considérables : nouvelle indemnité, possibilité d'accéder à la catégorie A de la fonction publique et de suivre la première année une formation tout en étant payé à plein temps. Coût de cette dernière mesure ? 800 millions d'euros.

Les sections socialistes, avec les étudiants, ce sont les profs qui les peuplent, les animent et les encadrent. Ils ont les outils pédagogiques pour théoriser et vulgariser le rapport de l'individu aux mutations du monde du travail et de la société. La Fédération des parents d'élèves de l'enseignement public fait le relais. Elle compte 300 000 membres, une fois et demie les effectifs du parti socialiste. Jusqu'à l'été 2013, son président était Jean-Jacques Hazan, directeur de la restauration scolaire dans le 12e arrondissement. Débarqué pour son soutien trop ostensible à la loi de Vincent Peillon, il a été remplacé par son vice-président, Paul Raoult : « Les connaître, être leur ami, c'est capital pour être élu », affirme sans rire un député PS de Paris.

Grâce à ces troupes d'élite, les socialistes ont pu conquérir la capitale mais aussi des terres où, jusque-là, ils ne mettaient pas les pieds : toute la Bretagne qui était pendant le siècle précédent le fief des curés. Et aussi d'autres bastions qui semblaient inexpugnables, historiquement de droite, comme Strasbourg et Lyon, ou communistes, comme Tulle et Calais. Dans toutes les régions de France, à l'exception de l'Alsace, les hussards noirs de l'école les ont aidés à prendre le pouvoir. Et à le conserver. Aujourd'hui, le Premier ministre Jean-Marc Ayrault est un ancien prof d'allemand. Et au gouvernement, les enseignants n'ont pas à se plaindre : Stéphane Le Foll, ministre de l'Agriculture, a commencé comme professeur d'économie, Frédéric Cuvillier, ancien maire de Boulogne-sur-Mer, a été prof de fac en sciences politiques avant de devenir ministre délégué auprès du ministre de l'Ecologie, du Développement durable et de l'Energie, chargé des Transports, de la Mer et de la Pêche, François Lamy, ministre de la Ville, était instituteur, Geneviève Fioraso, ministre de l'Enseignement supérieur et de la Recherche, professeur d'anglais dans un lycée d'Amiens, comme son ministre de tutelle, Vincent Peillon, prof de philosophie, Aurélie Filippetti, professeur de lettres...

C'est la « République des profs », dénonce la droite en pointant du doigt le groupe socialiste à l'Assemblée nationale qui ne compte pas moins de quatre-vingts enseignants. Ce sont eux qui votent les lois, celles qui concernent l'école mais aussi celles qui encadrent et surchargent d'impôts les entreprises où ils n'ont jamais mis les pieds. Bien sûr, ils ont aussi à cœur de travailler assidûment à leur réélection.

On imagine qu'ils sont heureux quand ils découvrent les palais XVIIIe de la République, le bureau de ministre qui est désormais le leur ou tout simplement les ors et les huissiers du Palais-Bourbon. Ils

La rose et l'argent

accèdent aux logements de fonction, aux voyages d'études, aux restaurants gastronomiques, et ont même droit à des frais de représentation qui les font profiter de ce confort bourgeois qu'ils dénoncent avec bonne conscience.

Naturellement, et même s'ils ont la sécurité de l'emploi et s'ils sont sûrs de retrouver leur échelon dans l'Education nationale, ils ne reviennent jamais en arrière, ne retournent pas à la grisaille de leurs salles de cours. Au pire, ils deviennent inspecteurs de la politique scolaire, poste largement honorifique qui leur laisse le temps de participer à des groupes de travail, des comités, des commissions dont le quotidien *Le Monde,* qui en a dressé la liste, a constaté que certaines n'ont pas d'activités reconnues.

Cette prise du pouvoir tant à Paris que dans les grandes mairies de province, et toutes les collectivités locales, a donné naissance à un parti socialiste très particulier où tout le monde doit être casé, comme l'analyse Julien Dray : « On ne peut pas décevoir le camarade, c'est un vrai problème. Cela s'appelle la bureaucratie. C'est une caste qui, un jour, peut être balayée. » Un tsunami que ces nouveaux socialistes redoutent. Et s'emploient à éviter.

Les chiffres parlent d'eux-mêmes. Un député européen touche 10 200 euros d'indemnités par mois. Le maire d'une grande ville un peu plus de la moitié. En tant que président de la communauté urbaine, il reçoit aussi 5 400 euros. S'il est aussi député ou sénateur, le total est très supérieur à ce que gagne le patron et créateur d'une PME.

Et sans viser si haut, un premier secrétaire fédéral qui est aussi conseiller général, maire adjoint d'une ville moyenne et, ce qui va de soi, président de l'Office HLM, gagne aisément 8 000 euros par mois. Sans parler des voitures avec chauffeur, d'un agenda débordant de déjeuners, dîners, cocktails. Et des multiples cadeaux offerts par des administrés qui sollicitent sa bienveillance pour obtenir un logement ou un permis de construire.

Bien sûr, la nouvelle loi anticumul va diminuer les revenus de ces privilégiés de la politique. Mais les députés et sénateurs révolutionnaires ont encore devant eux quelques années sans fins de mois difficiles. Les socialistes ont le chic pour voter des grands principes destinés à leurs successeurs. Les premiers élus frappés par le cumul ne verront pas le jour avant 2017.

Ancêtre du PS, qui se nommait, sous la IVe République, « Section française de l'Internationale ouvrière » (SFIO), Guy Mollet, le mal-aimé, surtout de ses héritiers, doit frissonner d'orgueil dans son tombeau. Il appelait ses troupes à conquérir les mairies et les conseils généraux : « C'est là, disait-il, que réside notre force, que se dessine notre avenir. »

Mais dans ses rêves les plus fous, le maire perpétuel de la ville d'Arras n'imaginait pas que le parti socialiste pût un jour détenir la moitié des conseils généraux et la majorité des grandes villes. Encore moins que les caisses du parti soient un jour pleines à ras bord.

Autrefois, le PS ne roulait pas sur l'or. Il vivait des cotisations et des contributions de ses militants. Beaucoup aussi des commissions perçues par les collectivités locales sur les marchés de fournitures de bureau ou de cantines scolaires. Mais surtout sur la distribution de l'eau qui arrosait les municipalités socialistes. Pour ne pas insulter l'avenir, le patronat lui donnait aussi des subsides. Mais pas autant qu'à la droite.

L'arrivée de la gauche au pouvoir après en avoir été écartée un quart de siècle depuis 1956 a tout changé. Les socialistes, installés « à toutes les places et tout de suite », comme disait la droite du temps de Léon Blum, ont été saisis par la débauche financière. On prête ce mot d'ordre à François Mitterrand au lendemain de son élection : « L'argent doit changer de main. » A mille lieues de ses vertueux principes socialistes, ses troupes se sont mises à adorer le « veau d'or ».

Le parti socialiste est aujourd'hui – horreur ! – comme une entreprise du CAC 40 qui serait somptueusement subventionnée par l'Etat. Il n'y a qu'une centaine de salariés dans son siège social de la rue de Solferino mais, à travers la France, beaucoup d'employés à temps partiel et sans doute même à titre fictif.

L'enveloppe annuelle globale atteint 70 millions d'euros. Car chaque parti reçoit environ 1,60 euro par an et par voix obtenue aux législatives pendant cinq ans à condition d'avoir dépassé le seuil de 1 % des voix dans cinquante circonscriptions. Chaque parlementaire rapporte également près de 42 000 euros par an à son parti. En ces temps gris où toutes les trésoreries publiques et privées sont astreintes à la rigueur, pour ne pas dire l'austérité, grâce à la vague rose, le PS a encaissé de l'Etat, en 2012, 28,5 millions d'euros, alors que son concurrent l'UMP piétine à seulement 20 millions. Les petits partis, qui ont quelques électeurs mais très peu d'élus, n'ont que leurs yeux pour pleurer. Dès le départ, ce système choque les Français, allergiques à l'idée que leurs impôts financent des partis réputés « tous pourris ».

Ancien vétérinaire et désormais sénateur et président du conseil régional de Bourgogne, François Patriat s'étonne : « En 1981, élu député, j'étais le seul à faire une déclaration de patrimoine ! » Et il sait bien que, entre eux, les ministres socialistes regrettent aujourd'hui le bon temps des fonds secrets : 200 000 euros en moyenne par ministère, qui a perduré sous les gouvernements Mauroy, Fabius, Rocard, Cresson et Bérégovoy... Il aura fallu la mauvaise conscience d'un Lionel Jospin, ex-trotskiste mal blanchi, qui par un excès de zèle voulait, en les supprimant, se faire pardonner ses mensonges à répétition et apparaître vertueux face à son adversaire Jacques Chirac. Il a quand même attendu 2001, la dernière minute de son mandat, pour fermer la cagnotte miraculeuse. Tous les mois, chaque ministre envoyait son homme de confiance à Matignon. Et le directeur de cabinet, Olivier Schrameck, distribuait les enveloppes.

On comprend qu'il y ait eu un vent de panique chez les socialistes lorsque l'affaire Cahuzac a déclenché une « épouvantable vague de transparence ». Les cabinets des ministres ont été réquisitionnés deux jours entiers pour habiller les « révélations » de patrimoines dépassant le million d'euros. Et surtout y préparer leurs électeurs ivres d'égalité et de justice sociale. La ministre des Affaires sociales et de la Santé, Marisol Touraine, championne de la langue de bois et du *lamento* sur « les plus démunis », a annoncé la mort dans l'âme qu'elle était assujettie à l'ISF. Quelques camarades éminents ont dû se réjouir de n'être pas au gouvernement !

Et quand il s'est agi de soumettre les parlementaires du parti au même régime de confession publique, le président de l'Assemblée nationale, Claude Bartolone, élu et ex-président du conseil général du 9-3, le département le plus défavorisé du pays, monte sur-le-champ au créneau. Lui-même possède dans son malheureux fief une résidence digne de la Côte d'Azur. Attentifs à ce hiatus et aux couacs futurs, le président de la République et le Premier ministre font brutalement marche arrière dans leur opération « Transparence ». Comment les camarades députés ou sénateurs pourraient-ils continuer à réciter avec ardeur le *credo* antifric en détenant un patrimoine qu'ils n'ont à l'évidence pas pu constituer grâce à leur seule carrière de prof, fonctionnaire ou cadre administratif de moyen échelon ?

Oui, les patrimoines des socialistes pourront être consultés. Mais non, ils ne pourront pas être rendus publics. Les électeurs continueront d'ignorer qu'il y a au PS des élus qui sont « riches », et même très riches ! Sans avoir jamais hérité ni créé une entreprise. Comme ils continuent d'ignorer que les parlementaires refusent d'abolir les privilèges fiscaux dont ils bénéficient et ont un régime de retraite qui leur assure une fin de vie en or. Sans parler de bien d'autres avantages qu'ils se gardent de rayer d'un trait de plume ! D'ailleurs, au parti, aucun élu ne le réclame. Aucun, sauf un !

Les camarades ont nourri dans leur sein un contrôleur aussi effrayant que le « Revizor » de Gogol. René Dosière ne paie pas de mine. Avec ses chaussures confortables, son imperméable bleu marine fait pour durer, cet ancien rocardien a tout pour déplaire aux socialistes. Il a commencé par militer à la Jeunesse étudiante chrétienne. Aujourd'hui, avec un sourire angélique, il s'est fixé pour mission sacrée de traquer partout les gaspillages et les abus de l'argent public. Sans doute doit-il être l'un des seuls à ne pas dilapider les frais de représentation accordés aux parlementaires et dépensés avec insouciance par ses camarades, avides de se montrer à la télévision dans leur costume sur mesure financé par les contribuables.

La rose et l'argent

Député de l'Aisne, presque sans interruption depuis près de vingt-cinq ans, l'investiture socialiste lui a été refusée aux dernières législatives. Il s'est présenté quand même, a été élu. Aussitôt, il a été réintégré dans le groupe et félicité par le Premier ministre Jean-Marc Ayrault, trop content d'assurer sa majorité avec le champion déclaré de la lutte antigaspi.

René Dosière ne se fait aucune illusion sur l'esprit de sacrifice de ses collègues : « Pour gagner plus, dit-il, l'imagination d'un député est sans bornes. » Un exemple ? « Quand vous êtes maire, maire adjoint ou président d'un établissement public, vous avez un cabinet, un chauffeur, une carte de crédit, des locaux... à la discrétion des assemblées. Or un député touche 6 000 euros net de frais pour sa permanence, ses déplacements... Il va les épargner dans leur totalité car elle n'est soumise ni au contrôle ni à l'impôt. »

Autre exemple ? Les parlementaires ont imaginé un correctif au cumul des indemnités. Cet « écrêtement » les empêche de toucher plus d'une fois et demie leur indemnité parlementaire. Elle est plafonnée à 8 300 euros. Concrètement, un député qui perçoit 5 700 euros comme parlementaire ne peut toucher plus de 2 600 euros supplémentaires dans ses mandats locaux : « Ce serait un geste civique si le surplus revenait à l'Etat », dit René Dosière.

La réalité est plus suspecte ! Ce surplus, le député le verse à ses amis... ou plutôt des amies très chères qui peuvent être une épouse, une fille, une maîtresse. S'il s'agit d'un collaborateur, ce n'est guère mieux : « Il devient un obligé à vie. Ce qui n'est pas l'idéal pour un bon exercice de la démocratie », ajoute l'incorrigible Dosière.

En 2011, en pleine nuit, lors d'une séance à l'Assemblée, le chevalier blanc de l'Aisne a failli obtenir la suppression de cet écrêtement scandaleux. Le trop-perçu, selon lui, devant revenir en toute logique à l'Etat. « On modifiait le code des municipalités d'outre-mer. J'en profite, à minuit je présente un amendement pour supprimer cet écrêtement. Il est soumis au vote et adopté. »

L'impitoyable comptable jubile. Il sort aussitôt de sa sacoche un second amendement : « Quand une collectivité donne un avantage à un élu, cela doit faire l'objet d'une délibération. »

Dans la foulée, il est aussi adopté.

Et voté à l'unanimité des quatorze membres (sauf une voix) de la commission mixte chargée d'élaborer le texte final destiné à être voté par le Sénat et l'Assemblée nationale. Panique à bord. Le président des maires de France se fend d'une lettre : « Repoussez à tout prix ces amendements ! » Le sénateur-maire de Marseille, Jean-Claude Gaudin, monte au front et dépose l'amendement fatal qui réhabilite l'écrêtement.

Dosière en rigole encore : « Les socialistes m'ont d'autant plus soutenu qu'ils savaient que j'allais être battu. »

La rose et l'argent

En 2013, l'intraitable censeur a finalement réussi son « mauvais » coup. Il a profité de la loi farfelue et controversée sur le « binôme homme-femme » des cantonales pour, subrepticement, glisser son amendement maudit. Dès les municipales de mars 2014, un élu qui atteint le plafond de 8 300 euros par mois ne pourra plus reverser le surplus à ses proches. La somme devra rentrer dans les caisses de la collectivité liée au mandat acquis. Les camarades ne le lui pardonnent pas.

En réunion de groupe, René Dosière a eu droit à un vrai réquisitoire. Le ministre de l'Ecologie, du Développement durable et de l'Energie, Philippe Martin, a donné la liste de tous les mandats occupés jusqu'ici par le député de l'Aisne et ne s'est pas privé de souligner que, à la dernière législative, il s'était fait élire comme dissident... Tout juste si les camarades ne lui ont pas demandé ce qu'il faisait encore au parti socialiste ! Dans une lettre, Dosière s'est aussitôt plaint de ces mauvaises manières au président du groupe, Bruno Le Roux, qui n'a même pas daigné lui répondre.

Bizarrement, s'ils sont experts dans la gestion de leur patrimoine et de leurs frais généraux, les socialistes ne sont pas réputés bons pères de famille en ce qui concerne les deniers de l'Etat. L'opinion publique, ce juge suprême, leur reproche de dépenser sans compter. Le drame de François Hollande est aujourd'hui d'arriver à la tête d'un Etat dont les caisses sont vides. Ce qui n'était pas le cas de François Mitterrand. Bien sûr, la gestion de Nicolas Sarkozy, qui a toujours dépensé trop, a été calamiteuse. Mais la crise, elle, a bon dos. En un an, le déficit public s'est creusé de 7 milliards d'euros.

Quant aux finances locales que les citoyens peuvent contrôler, le tableau est, à vue d'œil, d'une noirceur effrayante. En 2004, raz-de-marée inespéré, ce sont toutes les régions, sauf une, l'Alsace, qui virent au rose. Une aubaine dont les socialistes ne tardent pas à récolter les bénéfices. Car, à l'époque, les départements et surtout les régions possèdent encore de véritables trésors de guerre. Aujourd'hui, les déficits sont abyssaux. La dette équivaut souvent à un budget annuel. Et si au fil des ans les charges ont augmenté, les impôts ont crû dans des proportions incomparables. En 2013, le budget de la région Bourgogne est le double de celui de Jean-Pierre Soisson, son président UMP en 2004.

La boulimie de nos barons de province tient pour une bonne part à leurs complexes vis-à-vis de la capitale. Grâce à leur place hégémonique sur le territoire, ils n'ont aucun mal à faire aboutir leurs revendications les plus somptuaires : médiathèque, opéra, port de plaisance, aéroport ou villa pour recevoir les hôtes illustres censés implanter des entreprises dans la région.

Mais si la décentralisation coûte cher, c'est surtout qu'elle multiplie les emplois : « Aujourd'hui, chaque municipalité est dotée d'un cabinet parfois pléthorique. Autrefois, on prenait un employé municipal qui faisait office de chef de cabinet », dit René Dosière. Ne parlons pas des doublons du pôle touristique : la région a son équipe, le département aussi, les communes également. Quant à la com, c'est la folie des socialistes. Tous les potentats locaux cherchent à soigner leur ego par des campagnes de publicité. Avec dans le tableau une première place d'honneur pour la ville de Montpellier où la maire, Hélène Mandroux, digne héritière de l'extravagant Georges Frêche, a dépensé plus de 8 millions d'euros en frais de com. Ce qui, hélas, ne lui a pas permis d'accroître sa notoriété !

A la faveur des mouvements démographiques, certaines régions ont aussi pu augmenter les indemnités de leurs élus. Le pompon revient ex æquo à la Bretagne et à l'Aquitaine où ces derniers se sont octroyé pour les deux dernières années une rallonge de 19 %, ce qui leur permet de recevoir en moyenne la rétribution de 42 000 euros par an : « Ils avaient le droit de le faire, dit René Dosière. Ils n'étaient pas obligés. » En contrepartie, évidemment, les impôts locaux se sont envolés : 87 % pour la taxe d'habitation depuis 2000. Et 72 % pour la taxe foncière en moyenne.

En six ans, de 2007 à 2013, les dépenses publiques des collectivités locales ont augmenté de 20 % pour atteindre presque 210 milliards, la moitié de celles de la Sécurité sociale. Et pourtant, en Côte-d'Or, les frais de mutation ont rapporté, en 2012,

20 millions d'euros supplémentaires sur un budget de 500 millions d'euros.

Bizarrement, les chambres régionales des comptes n'ont que trois cents magistrats pour toute la France. Résultat : les contrôles n'ont lieu que tous les cinq ans. Avec de tels délais, les métastases du gaspillage ont tout loisir de croître et de se multiplier. Car ce fameux millefeuille français, cet empilement de structures administratives, fournit aussi un salaire à pas mal de membres du parti. Et les socialistes n'ont pas l'intention de tailler dans le vif des 36 697 communes de France, leurs 36 645 maires et leurs quelque 519 500 conseillers municipaux formant les bataillons volontaires des partis démocratiques.

Téméraire, l'Alsace, seule région de droite, a consulté sa population pour lui proposer de réunir en un conseil d'Alsace ses deux conseils généraux et son conseil régional. Cette réforme permettait d'économiser un demi-milliard en vingt ans et surtout d'éviter l'augmentation des impôts locaux. Elle a été refusée par référendum. Elle était encouragée par le Premier ministre Jean-Marc Ayrault. Pourquoi donc les socialistes ne l'imposent-ils pas par la loi ? C'est peut-être qu'ils ne haïssent l'argent que lorsque ce n'est pas le leur...

11

Les nantis

Chez les socialistes, il y a les aristos et les prolos. Ou plutôt, les feudataires et les plébéiens. Jusqu'à une époque récente, l'ascenseur social fonctionnait mal. Les seconds étaient tout juste bons à coller les affiches et faire la claque dans les meetings. Les autres, les seigneurs, s'employaient par tous les moyens à sauvegarder un patrimoine pour lequel ils multipliaient les attentions, ne négligeant aucun artifice, fût-ce au détriment de la morale et même de la légalité. Leur fief, ils y régnaient jusqu'à un âge déraisonnable, accrochés jusqu'à la mort, sans jamais concevoir de s'en défaire. Aujourd'hui encore, on voit ces grands notables solliciter les suffrages des électeurs pour exercer un mandat supplémentaire après avoir largement dépassé l'âge de la retraite qu'ils ont fixé à grands éclats de voix pour les citoyens. Ils n'ont pas d'héritiers, ils n'imaginent pas qu'on puisse jamais leur succéder.

La liste est longue de ces nantis indéracinables, tous socialistes et parlementaires, de Martin Malvy, soixante-dix-sept ans, président de la région Midi-Pyrénées, à Augustin Bonrepaux, même âge, président du conseil général de l'Ariège, Roland Povinelli, soixante-douze ans, maire d'Allauch, sans oublier Michel Vauzelle, soixante-neuf ans, président de la région PACA depuis 1998...

L'ambition d'un haut dignitaire local n'a rien à voir avec celle d'un grand politique rêvant d'être ministre ou, en se rasant le matin, de poser sa candidature à la présidence de la République. Tout ce qu'il veut, c'est rester maître chez lui. Et il faut voir sa fierté lorsqu'il vous montre sa dernière réalisation, un nouveau quartier d'affaires, des quais rendus aux piétons, un tramway à technologie innovante, une Cité des Arts et de la Culture signée de l'architecte japonais Kengo Kuma... et qu'il parcourt son domaine, saluant à droite comme à gauche, répondant même avec plaisir à la requête d'un bistrotier qui réclame une terrasse ou d'une caissière à la recherche d'une place de crèche dans son quartier...

Par comparaison avec un ministre, même « d'Etat », tenu à une solidarité gouvernementale avec des collègues dont il ne partage pas les idées, il n'y a pas photo. Ces grands élus de terrain n'ont de comptes à rendre que tous les cinq ou six ans à leurs électeurs. Et les statistiques indiquent qu'ils sont plus sûrs d'être réélus qu'un ministre des Finances de garder son portefeuille. Certes, ils n'occupent ni les écrans des télévisions ni les pages

« people » des magazines. Mais l'anonymat, en dehors des limites de leur fief, ne leur déplaît pas. Les Français ont-ils seulement entendu parler de Philippe Madrelle, soixante-seize ans, qui préside le conseil général de la Gironde depuis bientôt quarante ans, ou de Laurent Cathala, maire de Créteil depuis trente-sept ans et réélu en 2008 au premier tour avec près de 55 % des voix ?

Politiquement, tous ces honorables fondés de pouvoir provinciaux ont un point commun : dans leurs terres, ils pratiquent la tolérance et la modération même lorsqu'ils jouent les imprécateurs dans les instances du parti ou à l'Assemblée. Chez eux, les barons conduisent une politique œcuménique, dépensière certes, mais ne laissant personne à l'écart de petites générosités. C'est la condition de leur survie et bien souvent d'une réélection de maréchal !

Au total, ces nantis n'ont pas volé leur empire. Ils l'ont conquis de haute lutte, résistant à tous les revers et déceptions, tous animés d'une foi en eux-mêmes à faire reculer les montagnes. On peut imaginer quelle énergie, quelle ténacité ces notables éminents ont dû déployer pour tenir bon sur leurs fauteuils et résister aux pressions, aux chantages et aux menaces de ceux de leurs camarades qui voulaient les en déloger. Il faut surtout une vigilance de tous les instants. Quelle que soit l'étendue du fief dont il a l'usufruit, le feudataire doit en connaître chaque pouce de terrain : c'est sa force. Mais cela représente des sacrifices inouïs. Taillable et corvéable à merci, il est réveillé au milieu de la nuit à la moindre catastrophe locale, tornade, incendie ou canicule. Chaque dimanche, il lui faut aller inaugurer un salon du livre ou applaudir un spectacle de hip-hop. Il y a aussi plus fastidieux : les remises de décorations, arbres de Noël ou déjeuners du troisième âge.

Maire discrètement socialiste de la ville et président de la communauté urbaine de Lyon, Gérard Collomb passe généralement ses vacances dans la région de Genève pour pouvoir, en cas d'événement fortuit, rentrer rapidement. Depuis treize ans, il est le prototype de ces grands barons socialistes qui ont su mettre furtivement dans leur poche leur drapeau partisan, au bon moment, avec un doigté exemplaire. Et pourtant Dieu sait si, au départ, pas un des habitants de la ville n'imaginait un seul instant que ce petit militant socialiste, beau parleur mais sans envergure, pourrait prendre la succession d'Edouard Herriot et de Raymond Barre à la tête de la ville la plus conservatrice de France.

A l'heure où Lyon semble voué pour l'éternité à la droite, Gérard le brave, alors jeune militant obscur, fait rire ses amis en pointant un doigt sur l'hôtel de ville et en paraphrasant le E.T. de Steven Spielberg : « Maison, maison ! » Dans les trente années suivantes, vingt déboires auraient dû le convaincre d'aller voir ailleurs. Il refuse toutes les offres, celle du ministre Charles Hernu, le plus vieil ami de Mitterrand, qui lui propose sa succession à Villeurbanne. Comme celle de son grand protecteur Pierre Mauroy qui lui offre dans le Nord une circonscription à jamais marquée du sceau socialiste. Il sait, intuitivement, qu'en politique, quand on a jeté son dévolu sur un territoire, il est interdit d'en changer, nonobstant les vicissitudes électorales ordinaires.

En 1973, il est candidat aux législatives dans la 7e circonscription du Rhône. Il est battu. Il déménage car il est devenu père de famille, et s'installe dans le 9e arrondissement de Lyon où les camarades de la section socialiste, pour la plupart des ouvriers, accueillent mal cet « intello » qui prétend leur donner des leçons de démocratie. En mars 1977, à trente ans, il est quand même élu conseiller municipal sous l'étiquette de la « gauche unie ». Enfin ! Mais aux législatives de 1981, c'est Yvette Roudy qui est parachutée dans sa circonscription. Lui, il n'est que son suppléant. Il n'entre à l'Assemblée nationale que parce que la féministe frénétique est nommée ministre des Droits de la femme !

En 1986, il y reste grâce à la proportionnelle imposée par Mitterrand. Mais deux ans plus tard, le voilà de nouveau battu par la faute d'un découpage électoral habilement effectué par Charles Pasqua, alors ministre de l'Intérieur. Le petit « Gégé », qui est tout de même quadragénaire, résiste à toutes les tentations. Il se voit toujours maire de Lyon dont il connaît désormais le moindre pavé. Hélas, aux municipales de 1989, le grand hussard de la droite, Michel Noir, rafle tous les arrondissements.

Aucun homme politique ne peut négliger la chance qui réserve ses bons coups par surprise. Le mandat de Michel Noir s'achève dans les scandales et les procès. Mais la droite a son grand homme pour le remplacer : l'ancien Premier ministre Raymond Barre qui, avec sa rondeur et sa rhétorique professorale, a tout pour devenir un nouvel Edouard Herriot. Le 18 juin 1995, c'est lui qui entre à la mairie.

Dans son petit fief du 9e arrondissement, Gérard, presque cinquantenaire, ne se décourage toujours pas. Il gamberge tous les jours sur la campagne à venir en 2001. Il ne se mêle guère à la vie du parti. Il fait rarement l'aller-retour entre Lyon et Paris. Et cette indiscutable abnégation reçoit une première récompense : le sénateur Sérusclat, un des supporters historiques de Mitterrand, lui abandonne son siège. En même temps, Gégé constate que l'irascible Raymond Barre est à couteaux tirés avec la droite, avec les gaullistes du RPR, vieille guerre de tranchée ouverte quand il était Premier ministre, et même avec son propre lieutenant Charles Millon qui a commis la faute de s'acoquiner avec le Front national.

Alors Collomb, en politique averti, ne manque pas une occasion d'apporter à l'homme de droite son appui, soit au conseil municipal, soit à la communauté urbaine. Bien joué. En 2001, le culbuto socialiste remporte six arrondissements sur neuf. Il a cinquante-quatre ans et, désormais, le maire, c'est lui ! A la stupéfaction de la grande bourgeoisie lyonnaise, il entre en conquérant dans le somptueux hôtel de ville de la place des Terreaux. Le vrai sacre, il l'aura avec sa réélection en 2008, contre l'ancien garde des Sceaux de droite Dominique Perben. Un fief qu'il vient de transformer en terre de gauche avec la création de la métropole. A Lyon, il n'a plus, pour l'instant, d'opposant de droite.

Dès lors, on comprend qu'il rêve parfois d'un destin national et l'avoue sans fausse modestie. Après sa réélection triomphale, Gérard Collomb déclare « espérer que Lyon soit un lieu où se forge une partie de l'avenir de la France ». Il précise le soir du second tour : « Ce que j'ai fait pour Lyon, je le ferai pour la France. » Mais au parti socialiste, la réussite d'un grand baron, qu'il soit président de région comme Jean-Paul Huchon, Michel Vauzelle, Daniel Percheron, ou maire d'une grande ville comme Bertrand Delanoë, Martine Aubry ou François Rebsamen, ne donne pas automatiquement droit aux ambitions suprêmes. Et si Jean-Marc Ayrault a été nommé Premier ministre, c'est moins en vertu de sa gestion de la ville de Nantes que de son autorité de velours à la tête du groupe socialiste à l'Assemblée nationale. Il faut avoir l'honneur ou le bonheur de faire partie du petit cercle du président de la République. Et surtout ne pas lui déplaire. Georges Frêche, le maire tout-puissant de Montpellier, n'a jamais été ministre de Mitterrand parce que, mégalomane, il était imprévisible !

A côté de ces grands nantis légitimes et incontestés, il y a pléthore de nantis à la petite semaine. Le parti socialiste, quand il est au pouvoir, distribue à profusion à ses loyaux compagnons de route des prébendes, sans parfois se demander si les bénéficiaires de ces largesses sont qualifiés, compétents, indiscutables. François Hollande, qui a promis une république irréprochable et raillait tant son prédécesseur Nicolas Sarkozy pour ses faveurs aux amis, prend le même mauvais pli. Un exemple ? A la tête du Conseil supérieur de l'audiovisuel, où jusque-là se trouvait un ancien patron de Radio-France, le président « normal » a nommé Olivier Schrameck, l'ancien directeur de cabinet de son parrain Jospin. Cet énarque, conseiller d'Etat, n'a pourtant rien dans son curriculum vitæ qui le prédispose à gouverner les radios et les télévisions ni à décider impartialement des nominations ou promotions des journalistes.

Au chapitre de ces prébendes intempestives, il y a aussi la vice-présidence de la Banque publique d'investissement donnée à Ségolène Royal. A quel titre ? L'ex-compagne du chef de l'Etat a versé de grosses larmes le soir de sa défaite aux élections législatives en Charente-Maritime. Mais elle est quand même présidente de sa région Poitou-Charentes, où elle ne manque d'aucun signe extérieur de richesse : voiture de fonction, chauffeur, assistantes, chargées de presse, et une indemnité que les socialistes estiment désormais « non cumulable » avec celle de parlementaire. Bien sûr, elle clame haut et fort qu'elle remplira ses fonctions à la vice-présidence de la BPI à titre bénévole. Mais a-t-elle pour autant toutes les compétences pour se retrouver à la tête d'un établissement bancaire destiné à financer les PME ? Lors de sa campagne présidentielle, elle n'a eu de cesse de monter en épingle son combat pour le sauvetage d'une entreprise de sa région, l'équipementier Heuliez, qui, après avoir vainement attendu un repreneur turc, a finalement été placé à l'automne 2013 en liquidation judiciaire. Jack Lang, retraité de haut standing comme ancien député, ancien ministre et ancien professeur de droit, s'est vu, lui, offrir la présidence de l'Institut du monde arabe : cent quarante salariés et un budget de 24 millions d'euros financés à part égale par la France et vingt-deux pays arabes. Concrètement, un salaire de plus de 7 000 euros par mois qui se cumule avec les différentes pensions auxquelles il a droit. Et surtout, d'Oman à Marrakech, des voyages de mille et une nuits dans des pays du Moyen-Orient et du Maghreb réputés pour leurs fastes, leur générosité et leur sens de l'hospitalité.

Comme une poignée de privilégiés du PS, l'ancien ministre de la Culture fait aussi partie de ces excellences socialistes qui ont pu se livrer à des parachutages à répétition pour tenter d'échapper aux rigueurs du corps électoral. Battu à Blois, il a sauté sur le Pas-de-Calais avant de quitter précipitamment ce département pour fondre sur les Vosges où, malheureusement, les électeurs l'ont congédié. Sa camarade Marie-Noëlle Lienemann, ex-secrétaire d'Etat au Logement de Bérégovoy et opposante chronique dans le parti, a bondi de Massy à Athis-Mons et de l'Essonne au Pas-de-Calais, d'échec en d'échec, pour finir dans un fauteuil de sénatrice de Paris, place très recherchée puisqu'on la décroche sans passer par l'épreuve du suffrage universel.

Entre deux mandats, la militante « plus à gauche que moi tu meurs » s'est réfugiée quelques mois au Conseil économique, social et environnemental, haut lieu de la République servant d'asile aux hommes et femmes en peine de fins de mois. Comme Laurence Rossignol, aujourd'hui sénatrice de l'Oise et vice-présidente du conseil régional de Picardie, qui y a aussi émargé cinq belles années entre 1999 et 2004. Comme encore René Teulade, ancien ministre des Affaires sociales, qui y est resté pas moins de dix ans, entre 1998 et 2008, jusqu'à son élection comme sénateur de Corrèze...

A voir cette litanie de privilèges, grands et petits, on comprend que le parti socialiste se soit donné pour mission de lutter contre le cumul des mandats et des fonctions !

12

Cumulards, et fiers de l'être

Il y a des palmarès qui tuent. Celui de l'absentéisme des parlementaires que les journaux publient régulièrement. *L'Express* a innové en donnant le classement des plus grands cumulards de la politique au moment où la loi sur le non-cumul faisait l'objet d'une partie d'enfer au sein du PS avec des violences auxquelles les sénateurs ne sont pas habitués.

Parmi les quatre cumulards en tête de liste, trois socialistes, et le quatrième un radical de gauche. Un hasard ? Non, depuis la nuit des temps, les héritiers de Jaurès cultivent la chasse aux mandats, aux fonctions, aux honneurs.

Le champion de France et probablement du monde est le sénateur-maire de Dunkerque, Michel Delebarre, soixante-huit ans. Il détient vingt-six mandats et fonctions, ce qui, même pour un homme qui a de l'appétit, pourrait lui valoir quelques lourdeurs d'estomac. Mais le grand notable dunkerquois est un colosse qui, dans son carnaval, ne craint pas d'ingurgiter plusieurs litres de bière. Et si l'on s'inquiète de sa boulimie de titres, il répond avec un grand rire et en se frottant les mains : « Ne vous inquiétez pas pour moi, j'assume très bien le cumul de mes mandats, et d'ailleurs les journalistes ne les ont pas tous répertoriés. » Ce professeur de géographie a longtemps été l'étoile montante du parti socialiste. Directeur de cabinet de Pierre Mauroy à Matignon, puis ministre, on le voyait déjà à la tête du parti ou du gouvernement. Lille lui était promis avec en prime la présidence du conseil régional Nord-Pas-de-Calais.

Mais dans son beffroi lillois, son protecteur et pygmalion, autre géant des Flandres, a craint tout à coup qu'il n'envahisse tout son espace. Michel Delebarre s'est alors replié à Dunkerque et, sur cette côte rude, balayée par les vents du nord, il a vite pris ses aises, se consolant de sa disgrâce en raflant, sur son passage, toutes les prébendes, de la société coopérative de production d'HLM à la présidence des ports de plaisance, jusqu'à l'Agence nationale pour la rénovation urbaine où François Hollande l'a encore couronné en mai 2013. Sa devise : « Quand je vois dans mon périmètre une tête de trente-cinq ans qui dépasse, je flingue. »

Le vice-champion, Jean Germain, est beaucoup moins connu. Maire de Tours, il cultive même la discrétion au point qu'il est un des rares sénateurs à ne pas figurer dans le *Who's Who*. Il a pris son envol en conquérant la mairie de l'homme aux dix-sept mandats, Jean Royer, qui s'était illustré en menant une croisade contre la pornographie et les slogans graveleux de Mai 68. Jean Germain n'en collectionne que douze. Son passe-temps favori est de marier les Chinois qui viennent en groupe passer trois jours de lune de miel au milieu des châteaux de la Loire. Des cérémonies fictives qui lui ont valu, en octobre 2013, une très fâcheuse mise en examen.

Ses multiples écharpes lui laissent peu de temps pour exercer la fonction d'inspecteur général de l'Education nationale, qu'il occupe depuis dix-huit ans. Son camarade socialiste, Didier Migaud, premier président de la Cour des comptes, a dû en convenir lorsque le Premier ministre François Fillon l'a consulté sur le sujet. Dans sa réponse à Matignon, il écrit qu'il n'a été possible de retrouver, concernant Jean Germain, que des « traces matérielles minimes attestant d'une activité effective au sein de l'inspection générale ». Et il ajoute, dans un grand élan de sincérité : « La Cour a constaté que ses fonctions électives locales paraissent, en raison de leur importance, difficilement compatibles avec un travail d'inspection à temps plein. » Le sénateur-maire Jean Germain qui, pendant toutes ces années, a touché un million d'euros de salaires payés par le contribuable risque une seconde mise en examen.

Le troisième homme de ce beau palmarès est le plus ancien et le plus titré. Henri Emmanuelli, député socialiste des Landes depuis 1978 et président du conseil général depuis 1982, a été premier secrétaire du parti, président de l'Assemblée natio-

Heureux comme un socialiste en France

nale et plusieurs fois ministre. Lui, c'est un petit collectionneur mais de gros mandats bien juteux. Il en a sept. En juillet 2012, il a obtenu son plus beau trophée, la présidence de la Commission de surveillance de la Caisse des dépôts et consignations, une fonction en or massif, si l'on en juge par le décor de ce magnifique hôtel particulier de bords de Seine, voisin du musée d'Orsay. Grand donneur de leçons, il a aussi été, en 1998, condamné à deux ans d'inéligibilité après l'affaire Urba, ce qui ne l'a jamais empêché de participer à toutes les réunions du parti.

L'idée d'imposer le non-cumul, évidemment, ce n'est pas lui qui l'a eue. C'est Martine Aubry qui figure à la 45e place du palmarès, avec quand même huit mandats et fonctions.

En 2009, elle est première secrétaire. Mais depuis son élection entachée d'accusations de fraude, elle est contestée et de plus en plus absente de la rue de Solferino. Aux élections européennes, avec 16 %, le parti a obtenu un score pitoyable. Il a été humilié par Cohn-Bendit et les écolos arrivés au coude à coude.

A la veille des universités d'été de La Rochelle, la révolte gronde. En août, dans un colloque à Marseille, Vincent Peillon a exhorté ses troupes à la mutinerie. Lors de sa fête de la rose à Frangy, Arnaud Montebourg a invité Benoît Hamon. Les deux trublions attitrés du parti ont lancé avec fracas l'idée de « primaires » pour désigner le prochain candidat présidentiel. Tous apparaissent plus résolus que Martine à une profonde rénovation du parti. Sa garde rapprochée s'en alarme. Un conseil de guerre se réunit, à Palaiseau, dans la villa de son bras droit, François Lamy. Avec, autour de la première secrétaire, et par ordre d'ancienneté, Claude Bartolone, Christian Paul, Jean-Christophe Cambadélis, Christophe Borgel, Alexis Bachelay, Laurence Rossignol et le directeur de cabinet de la maire de Lille Jean-Marc Germain. Martine a exigé le plus grand secret et menace de claquer la porte lorsqu'un journaliste téléphone pour connaître le lieu et les noms des participants. Claude Bartolone a toutes les peines du monde à la retenir et, pendant une heure, elle refuse d'ouvrir la bouche. Ses lieutenants, tous d'accord, l'adjurent de reprendre la main à La Rochelle. Et c'est Cambadélis qui lance : « Il n'y a qu'un moyen, il faut renverser la table et annoncer le non-cumul des mandats ! » Une mesure que Martine a promise au congrès de Reims pour apparaître, face à sa rivale Ségolène, comme la championne des nouveaux socialistes qui en sont très chaudement partisans.

Les conjurés de Palaiseau ont été bons prophètes. A la tribune de La Rochelle, la première secrétaire est applaudie avec un enthousiasme auquel elle ne s'attend plus... Mais les barons locaux, les sénateurs-maires comme Gérard Collomb à Lyon ou François Rebsamen à Dijon, sentent immédiatement le danger. Ils montent aussitôt au front, ainsi que le tonitruant Henri Emmanuelli, qui déclare : « Il faut se méfier d'un risque de coupure entre les élus de terrain et les élus nationaux. Ce serait une erreur dont on reviendrait dans dix ans. » Les socialistes raffolent de ces joutes doctrinales. Cette affaire de cumul ou non-cumul apparaît tout de suite comme la querelle des Anciens et des Modernes.

Cette fois, la « Méremptoire » de Lille a enfourché son cheval de bataille et ne se laisse plus démonter. Le 1er octobre, elle appelle les militants à se prononcer par référendum sur onze questions touchant à la rénovation du parti. Les abstentions sont nombreuses, plus de 50 %, mais outre le non-cumul, les nouveaux socialistes, dans leur zèle réformiste, votent pour une limitation dans la durée : pas plus de trois mandats successifs pour les maires, les présidents de conseil régional ou général.

Lors de sa Convention nationale sur la rénovation, la direction du parti approuve, le 3 juillet 2010, un texte rédigé par Arnaud Montebourg prévoyant une stricte incompatibilité entre un mandat parlementaire et un exécutif local. Ce sont alors les deux présidents des groupes parlementaires qui protestent violemment contre « ces mesures discriminatoires ». L'un est Jean-Marc Ayrault, à l'Assemblée nationale, l'autre Jean-Pierre Bel, au Sénat, tous deux grands amis de François Hollande.

Bien entendu, le député de Corrèze, lui-même cumulard, partage leur hostilité. Son objectif, lorsqu'il dirigeait le parti, a été de voir des socia-

Cumulards, et fiers de l'être

listes occuper tous les mandats locaux, jusqu'aux plus petites communes. Il a lui-même conquis de haute lutte son fief de Corrèze. En 2008, il a enlevé à la droite le Conseil général après avoir labouré le terrain pendant plus de vingt-cinq ans. Comme Mitterrand ou Chirac, il connaît l'importance des racines locales dans une carrière politique. Très vite, il mesure, pour le parti, les inconvénients de ce non-cumul pour lequel se battent des jeunes loups qui ont fait leurs classes comme apparatchiks au sein du parti ou comme assistants parlementaires à l'Assemblée nationale.

Depuis qu'il a décidé de partir à l'assaut de l'Elysée, l'ancien premier secrétaire qui n'a pas de « courant » au parti socialiste, pas même d'écurie présidentielle, s'est doté d'une petite unité combattante formée des sénateurs socialistes tous anticumul. Chaque semaine ou presque, il déjeune avec eux au restaurant La Méditerranée et cultive son amitié avec Jean-Pierre Bel. Les strauss-kahniens en ricanent. Avec un compère aussi charismatique, notre Corrézien ira sûrement haut et loin !

Le président du groupe socialiste au Sénat, François Rebsamen, mène désormais une campagne enflammée contre l'obstination de Martine Aubry. Les sénateurs socialistes seraient les premiers à devoir s'appliquer le non-cumul, en septembre 2011, alors même que ce scrutin est une occasion historique de faire basculer le Sénat à gauche. Cette fois, ce n'est plus un problème entre cumulards et rénovateurs, c'est tout simplement l'avenir du parti qui est en jeu : « Est-il important ou non de gagner le Sénat ? », s'exclame Jean-Pierre Bel.

La première secrétaire est convoquée d'urgence au palais du Luxembourg pour écouter les sénateurs prêts à se mutiner. La séance dure deux heures. Sévèrement admonestée par les vétérans Mauroy et Badinter, la rénovatrice en chef est ébranlée. La victoire au Sénat se jouera à quatre ou cinq sièges : « Si tu empêches cinq des nôtres de se représenter, ce serait comme demander à une équipe de foot de jouer sans crampons », s'indigne de nouveau Jean-Pierre Bel. Le sage Jean-Pierre Sueur répète l'adage de Jaurès : « Le courage, c'est d'aller à l'idéal et de comprendre le réel. » Décryptage : il faut combiner les règles internes du parti avec l'efficacité électorale. Et pour cette fois, ce qui fait la règle doit être « l'exception ».

Mais la dame de Lille n'entend pas sacrifier aux amis cumulards de François Hollande son destin de présidentiable. A la sortie, sur le perron du palais du Luxembourg, elle déclare d'une voix morne que, pour les élections sénatoriales, il y aura des dérogations, mais « marginales », insiste-t-elle.

François Lamy et Christophe Borgel sont chargés de désigner les heureux cas particuliers avant décembre, date limite du dépôt des candidatures. « Quelques difficultés pourront être réglées plus tard », précisent les deux hommes en charge de cette mission impossible. Car les sénateurs socia-

Cumulards, et fiers de l'être

listes se demandent toujours pourquoi le parti n'attend pas d'être au pouvoir pour imposer, par une loi, le non-cumul à tous les parlementaires, pourquoi ils sont les seuls dans l'hémicycle à devoir se tirer une balle dans le pied alors qu'ils ont toutes les chances de devenir majoritaires. En mars, le PS enregistre un excellent résultat aux cantonales, avec 49,90 % des voix au second tour, ce qui est de bon augure pour les sénatoriales de septembre.

Mais, en ce printemps 2011, parti, militants et leur première secrétaire en particulier ne sont préoccupés que par les primaires d'octobre. Dans le camp de DSK comme dans celui de François Hollande, on fait le décompte des soutiens. En mai, avec l'arrestation aux Etats-Unis du présidentiable au triomphe garanti, le ciel tombe sur la tête du parti. Martine prend, sur la ligne de départ, la place de l'homme par qui le scandale est arrivé. Mais son avenir à elle est beaucoup moins assuré. Pour commencer, il lui faut affronter aux primaires de la gauche son ennemi de toujours, François Hollande.

Pendant le match, elle inscrit le non-cumul comme une de ses exigences prioritaires. Au cours d'un débat, elle arrache à François Hollande la promesse que, en cas de victoire de la gauche, la mesure devra s'appliquer dès 2012. C'est ainsi que le futur président de la République est conduit à embrasser une cause qui n'est vraiment pas la sienne et à trahir ses plus solides partisans, les sénateurs.

Dans la 48e de ses soixante propositions de candidat, le toujours député et président du conseil général de Corrèze s'engage à faire voter une loi imposant le non-cumul s'il est élu. Toutefois, avec sa prudence habituelle, il ne fixe pas de délai. En septembre, Martine Aubry a d'ailleurs fêté, avec lui, la conquête du Sénat par les socialistes, en passant sous silence le fait que beaucoup de cumulards ont été réélus. Cette prise de guerre incroyable, François Hollande entend bien la consolider en repoussant au maximum sa fatale promesse.

Le 14 juillet, sous les ors de l'Élysée, il confie à Lionel Jospin la présidence de la « Commission sur la moralisation de la vie politique ». En 2007, Nicolas Sarkozy avait, lui, donné à Edouard Balladur la présidence de la « Commission de réforme des institutions ». Le cadeau obligé aux parrains et candidats malheureux. Les présidents se suivent mais ne se ressemblent pas tout à fait. Sarkozy a largement ouvert le groupe de travail à son opposition avec Jack Lang, Olivier Schrameck et Guy Carcassonne. Jospin, lui, ne travaille avec aucun élu. Il s'entoure de six hommes et six femmes tous issus de milieu universitaire, de la magistrature ou de la haute fonction publique. Et il ne traîne pas. Le non-cumul, il est pour, depuis Matignon, et sans doute sous l'influence de son épouse, Sylviane Agacinski qui y voit un moyen de faire accéder les femmes aux fonctions politiques.

Le 9 novembre, dans son rapport, remis solennellement au président de la République, Lionel recommande d'imposer le non-cumul aux parlementaires dès les municipales de 2014. Devant les caméras, François Hollande le remercie chaleureusement de cette excellente recommandation. Mais il entend aussi les échos d'une nouvelle explosion de fureur au Sénat : « Lionel Jospin qui ne connaît rien aux collectivités locales ! La seule expérience qu'il en a eu, c'est maire de Cintegabelle. Il l'a perdue dans un endroit imperdable. Dans le Lauraguais. Un exploit ! Et si Hollande a gagné la présidentielle, c'est parce que nous avons gagné les élections locales, les unes après les autres », s'écrie François Rebsamen. Le sénateur-maire de Dijon et désormais président du groupe socialiste au Sénat dénonce toujours dans le non-cumul un outil de flatterie populiste alors que cela pourrait être un élément de modernisation de la vie publique : « Il aurait fallu une réflexion globale sur le statut de l'élu, le mode d'élection et le fonctionnement respectif des deux chambres. »

La date butoir de 2014 pose aussi un nouveau problème pour les députés, celui de la rétroactivité. Elle conduirait les socialistes à une trentaine de législatives partielles : « Une minidissolution qui risquerait d'entamer la stabilité du quinquennat de François Hollande. Et les militants socialistes ne nous ont pas donné cette mission », explique un Claude Bartolone, atterré.

Dix jours plus tard, le président de la République danse d'ailleurs un tout autre pas sur le parquet de l'hôtel de ville de Paris où tous les maires de France tiennent leur congrès annuel. A la tribune, il emploie le conditionnel : « Si la loi était votée… » et ajoute : « Les établissements publics resteront des établissements publics », sous-entendu, les élus pourront en cumuler autant qu'ils voudront. Applaudissements de satisfaction. Michel Delebarre et ses collègues viennent de voir sauver leur patrimoine électoral. Dans le couloir, le chef de l'Etat lance à son vieil ami Rebsamen : « Tu as vu ce que j'ai dit ! »

Mais à l'Assemblée, les nouveaux socialistes trépignent. Et aussi le premier secrétaire Harlem Désir qui, bien que cumulard, n'a jamais été parlementaire. Ils imposent l'inscription en urgence du projet de loi emblématique. Enfin, le 9 juillet, le cruel non-cumul est voté dans une grande ivresse de gauche. Avec une majorité si absolue qu'il risque de passer comme une lettre à la poste sans que les sénateurs aient même leur mot à dire. Contrairement à ce que le président de la République a affirmé devant les maires, un parlementaire ne pourra plus désormais présider un établissement public.

Mais le gouvernement Ayrault trouve une ultime parade. La loi ne sera pas applicable avant les législatives de 2017. Une feinte à la Hollande. Devinez qui, chez les socialistes, n'a pas voté le texte ? La blonde Sophie Dessus qui a remplacé le président de la République comme députée de Corrèze à l'Assemblée nationale.

Son voisin du Cantal, le sénateur radical de gauche Jacques Mézard, soixante-six ans, est le plus déchaîné : « Nous savons tous que le président de la République a cumulé. Lors des cantonales, il a même déclaré publiquement : "Je ne serai candidat à l'Elysée que si je suis élu président du conseil général de Corrèze." » Dans ses diatribes, Jacques Mézard dénonce aussi la maire de Lille, cumularde plus que lui qui, outre, son mandat de sénateur, n'est que président de la communauté d'agglomération du bassin d'Aurillac. Professeur de droit à Assas avant d'être bâtonnier à Aurillac, il plaide surtout pour l'équilibre entre terrain et Parlement, supprimé par ce fatal non-cumul : « En ce qui concerne le Sénat, c'est tout à fait contraire à l'esprit et à la lettre de la Constitution. Le Sénat représente les collectivités territoriales. Supprimer tout mandat exécutif pour un sénateur est absurde. Ou alors il vaut mieux supprimer le Sénat et le dire ! » En privé, le président du Conseil constitutionnel, Jean-Louis Debré, dont le père est l'auteur de cette fameuse Constitution, est bien obligé de reconnaître qu'il n'a pas tort.

Président du groupe radical-socialiste, Jacques Mézard mène la fronde au côté de François Rebsamen. Leur objectif commun est de doter le Sénat d'une spécificité qui lui permettrait d'échapper à la loi. C'est l'inébranlable sénateur juriste Mézard qui trouve l'incident de procédure pour tenter d'obtenir gain de cause. Dans la nuit, il dépose avec la droite trois amendements donnant aux seuls sénateurs le droit d'exercer une fonction de maire, président ou vice-président de conseil régional ou général.

Heureux comme un socialiste en France

Manuel Valls menace : « Quel que soit le vote qui sera le vôtre, ce texte sera adopté en dernière lecture à l'Assemblée. » Mais pas forcément appliqué. Déjà, certains députés farouchement anti-cumulards, comme Noël Mamère, maire de Bègles, ou Jérôme Guedj, président du conseil général de l'Essonne, se présentent, sans scrupules, aux municipales de 2014. Ils choisiront plus tard entre les deux mandats ! Ce n'est, hélas, pas la première fois qu'ils font cette promesse à leurs électeurs.

Avant de quitter la rue de Solferino, Martine Aubry, toujours vigilante et méfiante, a pris une décision sans appel : elle a demandé à tous les candidats socialistes à une élection parlementaire de s'engager par écrit à respecter la loi anti-cumul dès les législatives de 2012. Comme un seul homme, les camarades ont envoyé leur lettre signée rue de Solferino où Harlem Désir les a à sa disposition. Bizarrement, seule une demi-douzaine d'entre eux ont respecté leur promesse. Ils sont pourtant nombreux à avoir été élus lors de la vague rose qui a suivi l'élection de François Hollande à l'Elysée.

Le mot de la fin revient au député UMP du Pas-de-Calais et maire du Touquet-Paris-Plage, Daniel Fasquelle : « Si la droite revient au pouvoir en 2017, elle supprimera cette réforme. » Beaucoup de socialistes formulent sans doute en secret le même vœu !

13

Le parti des bons sentiments

Les militants sont des hommes et des femmes à principes. Et leur parti est un moulin à moudre des bons sentiments. Chaque mot qu'ils prononcent, chaque initiative qu'ils annoncent porte la marque d'une vertu.

Le monde selon les socialistes est un monde radieux, sans scrupules, sans injustice, sans inégalité, sans pauvreté, sans catastrophe, sans guerre, sans épidémie... Le premier président PS de notre histoire, François Mitterrand, a été élu par les Français sur un slogan en forme de devise : « Changer la vie ». Toute sa politique était censée apporter à l'homme le bonheur par un dévouement sans limites au service de l'humanité souffrante. Rien de moins.

En 1971, peu de temps après sa naissance à Epinay, le nouveau parti socialiste a publié une « déclaration de principes », sur le modèle de la « déclaration des droits de l'homme » votée en 1789 à Versailles par l'Assemblée constituante et ratifiée par le roi. Mais à la différence de ceux des révolutionnaires français, les principes de 1971 sont d'obédience marxiste-léniniste. Le parti conquérant, la rose au poing sinon au fusil, repousse le centralisme démocratique. Il affirme lui préférer une « démocratie » discrètement centralisée mais qui lui ressemble étrangement. En ce temps-là, les adhérents, dès leur plus jeune âge, boivent le lait du marxisme. Ils emploient peu ou prou le même discours que leurs ennemis héréditaires, les communistes. Ils chassent sur les mêmes terres ouvrières et veulent prendre leur place, non seulement dans les bastions industriels mais dans toutes leurs possessions. Les communistes sont alors bien implantés partout en France, dans les villes, les banlieues, comme dans les campagnes en voie de paupérisation. Depuis des décennies, les rouges se promettent de plumer la « volaille socialiste ». L'audace de François Mitterrand est d'écrire un programme commun avec le PC pour s'introduire dans les poulaillers communistes et mieux les dévaster.

Une petite dizaine d'années plus tard, c'est le grand branle-bas. Le mur de Berlin est par terre, entraînant dans sa chute tous les partis communistes européens avec leurs mots d'ordre qui ont servi à laver les cerveaux de plusieurs générations et de plusieurs continents. Les stylos du parti socialiste se remettent *illico* à l'ouvrage. On remplace une dialectique qui a mis sur le flanc l'Empire soviétique par un socialisme autogestionnaire, expérimenté

Le parti des bons sentiments

sans plus de succès par la Yougoslavie du maréchal Tito.

Au printemps 2008, le PS, une nouvelle fois contraint de revoir sa copie pour l'actualiser, publie, le 21 avril, une cinquième « déclaration de principes ». Le texte comprend un préambule et vingt-quatre articles confectionnés par l'ancien trotskiste Henri Weber, principal lieutenant de Laurent Fabius et un des fondateurs, en 1958, de la Ligue communiste qui deviendra révolutionnaire en 1974 avant de s'autodissoudre trente-cinq ans plus tard dans le Nouveau Parti anticapitaliste d'Olivier Besancenot.

Il a pour coauteur Alain Bergounioux, normalien et professeur d'histoire qui a appartenu à l'équipe de Michel Rocard. Le premier a beau être sénateur, le second appartenir à plusieurs *think tanks* socialistes comme Terra Nova et l'Ours, ils ont toutes les peines du monde à rédiger les articles de ce nouveau catéchisme destiné à faire oublier Lénine et Trotski sans risquer d'être ridiculisés par les réalités économiques en cette année du grand krach boursier et financier venu cette fois de l'Ouest.

Les deux camarades mettent plusieurs semaines à obtenir l'aval d'une commission qui débat chaque phrase âprement et longuement. Et pourtant le texte ne ferait pas de mal à une mouche capitaliste. Comme nous le montre le préambule qui, faute d'idées nouvelles, baigne dans un clapotis de bons sentiments exprimés avec une pieuse emphase :

Heureux comme un socialiste en France

« Le parti socialiste plonge ses racines dans la tradition de l'humanisme et dans la philosophie des Lumières. Il fait siennes les valeurs de liberté, d'égalité, de fraternité proclamées par la Révolution française.

« Il est né de la rencontre entre une pensée critique [...] et l'action du mouvement ouvrier qui, pendant deux siècles, ont [...] défendu le projet d'une société solidaire dont tous les membres jouissent des mêmes libertés et des mêmes droits [...]

« Il participe des grandes batailles politiques et intellectuelles pour la liberté et la justice, de l'affaire Dreyfus à l'abolition de la peine de mort. »

Cet alignement de poncifs, comme autant de menhirs, se poursuit par ce monument de platitudes : « L'être humain est un être doué de raison, libre, un être social qui grandit de sa relation aux autres, ouvert à toutes les potentialités. [... La nature du PS] est "d'aller à l'idéal et de comprendre le réel", d'inventer le futur et de travailler dans le présent. »

Les vingt-quatre principes, tout aussi peu discutables, sont destinés à alimenter la future campagne du candidat présidentiel en 2012. Mais en aucun cas ils ne doivent le gêner dans sa marche héroïque. En avril 2008, trois audacieux partants se sont déjà déclarés : Marylise Lebranchu, Pierre Moscovici et surtout Laurent Fabius. En attendant Dominique Strauss-Kahn, François Hollande, Martine Aubry, Ségolène Royal, Arnaud Montebourg et Manuel Valls...

Le parti des bons sentiments

Tous ont compris que les socialistes n'ont ni dieu ni maître mais ils ont un démon à combattre partout et toujours, c'est l'argent. Là encore, ils ont repris le mot d'ordre des communistes : « Guerre aux bourgeois », devenu, en 1936, sous le Front populaire : « Il faut prendre l'argent là où il est. » Mitterrand, qui vient de la droite et de la bourgeoisie provinciale, et a donc beaucoup à se faire pardonner, a voulu, comme les nouveaux convertis, se montrer plus doctrinaire que les vieux membres du parti.

Pour obtenir des applaudissements dans les congrès où il n'est pas forcément le bienvenu, il a l'idée géniale de dénoncer l'argent en des termes religieux, dignes d'un prédicateur. Elevé dans les écoles chrétiennes, il est le premier à adapter à l'intention de ses électeurs la parole de l'Evangile qui fustige les riches et les marchands du Temple. Dès le congrès fondateur d'Epinay, en 1971, il lance l'anathème que l'histoire retiendra : « Le véritable ennemi, j'allais dire le seul, parce que tout passe par lui, le véritable ennemi si l'on est bien sur le terrain de la rupture initiale, des structures économiques, c'est celui qui tient les clefs [...], c'est celui qui est installé sur ce terrain-là, c'est celui qu'il faut déloger [...], c'est le monopole ! terme extensif [...] pour signifier toutes les puissances, l'argent qui corrompt, l'argent qui achète, l'argent qui écrase, l'argent qui tue, l'argent qui ruine, et l'argent qui pourrit jusqu'à la conscience des hommes ! »

Heureux comme un socialiste en France

Tout au long des dix années précédant sa victoire du 10 mai, le chef socialiste laboure le territoire en continuant systématiquement sa croisade antifric. En novembre 1980, il lance sa campagne à Carmaux, la ville de Jean Jaurès, et s'écrie : « Je suis libre au regard des forces de l'argent, que je défie le regard clair. »

Ces belles envolées qui, depuis la prise de la Bastille, font vibrer les cœurs en France, et seulement en France, laissent la droite sans réplique. Chez nous, aucun homme politique n'ose prendre la défense de l'argent. A la différence de l'Angleterre où, à côté de la reine incontestée dans son palais de Buckingham, la finance règne à la City sans qu'aucune révolution ait songé à l'abattre. Londres a coupé la tête de son roi Charles Ier au XVIIe siècle parce qu'il était catholique et que les nobles lords refusaient de rendre au clergé de Rome les richesses sur lesquelles ils avaient fait main basse. Depuis, le peuple anglais n'a jamais combattu ni les propriétaires de châteaux, ni les salaires des grands patrons, ni les traders trop vite milliardaires, ni personne pour crime de richesse. François Guizot, qui était protestant, a été ambassadeur en Angleterre. A son retour, ministre puis président du Conseil de Louis-Philippe, il a lancé son fameux « Enrichissez-vous ! ». Un cri que, après lui, aucun homme politique français n'osera plus pousser. Même pas l'ancien banquier Pompidou qui pourtant était un ardent avocat du développement de l'industrie par le capitalisme.

Le parti des bons sentiments

Quoiqu'il ignore les rudiments de l'économie, Mitterrand sait bien que c'est l'argent qui fait tourner le pays et crée des emplois. Dès son arrivée au pouvoir, la réalité économique se venge de ses anathèmes. Faute de bonnes habitudes, son premier septennat voit les affaires d'argent, les scandales financiers, les financements crapuleux ou du moins illégaux se multiplier. Davantage que sous tous les régimes précédents. Non seulement le Président enrichit ses amis en faisant racheter leurs entreprises par l'Etat, mais le parti copie le système quasi mafieux de financement imaginé par les communistes.

Nouveau paradoxe, c'est le Robespierre de la garde prétorienne de l'Elysée, Pierre Joxe, qui met en place Urba, cette officine chargée à travers les fausses factures de pomper l'argent des entreprises. C'est aussi l'époque où les grandes surfaces déversent une véritable manne sur le parti par le biais de ses collectivités locales. La France est le pays d'Europe qui a le plus grand nombre d'hypermarchés !

Rien de tout cela, ni les procès ni les gros titres de la presse, n'empêche le magicien de l'Elysée de continuer à prêcher avec succès pour sa paroisse anticapitaliste. Et ça paie ! En 1988, il est réélu sans que l'électeur lui tienne rigueur de ses vilaines histoires d'argent. Durant son second septennat, les affaires redoublent : Pechiney, raid sur la Société générale, prêt illégal d'un million de francs (150 000 euros) à Bérégovoy, ce qui conduit au suicide de l'ancien Premier ministre... Un désastre ?

Non, le très regretté Béré est présenté comme un modèle de vertu romaine livré aux « chiens » de la presse.

Chaque fois, le président au chapeau noir a le génie de faire oublier toutes les ombres qui pourraient salir son tableau. Imperturbablement, le premier commandement reste la guerre à l'argent, à la finance, à la richesse. François Mitterrand a le premier énoncé cette règle... d'or sans savoir qu'elle s'inscrirait dans les tables de la loi socialiste pour l'éternité.

Depuis, ce « coup d'Etat permanent et moral » est devenu un élément de doctrine. En 1990, après le congrès de Rennes, douze députés de base, parmi lesquels François Hollande, Ségolène Royal et Jean-Yves Le Drian, tentent de ressouder le parti, miné par ses divisions et les affrontements entre éléphants, autour d'un discours plein de piété : « Quant aux valeurs républicaines, elles cèdent en ordre dispersé aux forces et aux ordres de l'argent, véritable lame de fond en cette fin de siècle, prête à fêter la victoire mondiale du capitalisme... En un siècle, que de scandales, de lâches compromis, d'abdications !... Il faut promouvoir une véritable déontologie pour réhabiliter la morale publique... Une morale républicaine qui commande la supériorité de la vérité sur le mensonge, de la fraternité sur l'égoïsme, du respect sur le mépris. »

Ce culte de la probité connaît son apogée avec l'arrivée de Lionel Jospin à Matignon lorsque le

Le parti des bons sentiments

nouveau Premier ministre s'avoue très fier de révéler qu'il ne possède rien à part une Peugeot d'un très vieux modèle. C'est pourtant sous son règne que le nombre de privatisations sera le plus élevé. En matière de bons sentiments, pendant cinq ans, on n'a guère fait mieux en France.

En janvier 1998, le maître de morale apostrophe son opposition à l'Assemblée nationale en ces termes : « On est sûr que la gauche était pour l'abolition de l'esclavage. On ne peut pas en dire autant de la droite. On sait aussi que la gauche était dreyfusarde et la droite antidreyfusarde. » Le scandale est tel que, à la séance suivante, le chef du gouvernement se voit obligé de présenter de plates excuses à ses adversaires ! Un comportement aussitôt fièrement qualifié « de gauche », respectueuse de l'honnêteté et de la transparence ! Et qui lui permet, le lendemain, pour se venger, d'attaquer le président de la République Jacques Chirac sur les affaires de la mairie de Paris : emplois fictifs et factures louches.

C'est lui encore qui oblige son ami Dominique Strauss-Kahn, pris dans un conflit d'intérêts avec la MNEF, à démissionner, la mort dans l'âme, du ministère des Finances. Mais quand la presse révèle que Lionel Jospin appartenait clandestinement à une organisation trotskiste tout en siégeant à la direction du parti socialiste, le Premier ministre déclare avec superbe à l'Assemblée nationale, sous les sarcasmes du monde entier : « Pourquoi n'en ai-je pas parlé plus tôt ? [...] Parce que je crois que cela n'intéressait personne. »

Heureux comme un socialiste en France

Non seulement il ne prononce pas de *mea culpa* public, mais il se présente la main sur le cœur à l'élection présidentielle avec un slogan : « Présider autrement ». Message subliminal pour affirmer que lui au moins ne vole pas l'argent du contribuable comme un président de droite, corrompu et forcément menteur. Hélas ! Pendant la campagne, l'ancien lambertiste continue outrageusement à prendre ses aises avec la vérité. Ayant déclaré à des journalistes que son adversaire était « fatigué, vieilli, gagné par l'usure du pouvoir », il répond devant l'indignation générale : « Ce n'est pas moi, cela ne me ressemble pas. »

Le parti socialiste mettra cinq ans à faire oublier cette série d'atteintes à la morale. Enfin, Ségolène arrive. Fille d'un militaire traditionaliste et farouchement de droite, elle a grandi dans une vaste maison bourgeoise au cœur d'un petit village de Lorraine. Après l'ENA, à vingt-huit ans, elle entre à l'Elysée en corsage blanc et jupe à fleurs. Comme Mitterrand, elle est enfant des écoles chrétiennes. Très vite, elle se fait une spécialité du discours moralisateur qui a permis au président socialiste d'arriver en haut de l'affiche, en faisant oublier son parcours d'ancien ministre colonialiste sous la IVe République, son passage à Vichy chez Pétain ou son amitié jamais reniée avec Bousquet, l'organisateur de la rafle du Vel' d'Hiv'.

Comme un marmiton auprès d'un chef, elle apprend l'art de séduire les salles de congrès et de

Le parti des bons sentiments

clouer le bec de ses adversaires avec une dialectique que ne désavouerait pas le général des Jésuites. Elle a pour son mentor une telle adoration que des mauvaises langues de droite peuvent affirmer sans faire rire dans les dîners qu'elle est une deuxième fille naturelle du président à la rose.

La vérité, c'est qu'elle a adopté sa rhétorique. Mais elle l'adapte à ses moyens. Sa marque de fabrique, c'est le féminisme. Elle est pour la parité, l'égalité des tâches à la maison, le choix du nom de famille des enfants, et se sent prête à devenir la mère de la nation, comme elle le martèle dans ses discours : « Je veux pour tous les enfants qui naissent et grandissent en France ce que j'ai voulu pour mes propres enfants. »

Mais elle sait que, pour son parti, l'essentiel n'est pas là. Comme Mitterrand vingt-cinq ans plus tôt, elle lance sa campagne en plein pays minier. Elle choisit une petite ville dont la maire est une femme, Cambrin, dans le Pas-de-Calais, première fédération socialiste de France aujourd'hui noyée sous les scandales financiers – nous l'avons vu –, avec l'anathème inévitable : « Nous placerons le capitalisme financier sous contrôle. La nouvelle guerre, c'est contre lui qu'elle se livre. » Telles sont ses premières paroles. Elle se garde bien aussi de citer le nom du riche et généreux mécène qui paie le loyer de son QG, boulevard Saint-Germain, Pierre Bergé, le fondateur de Saint Laurent qui a largement profité des bons sentiments de son ami François Mitterrand.

Heureux comme un socialiste en France

Lors de sa campagne présidentielle, elle se drape dans les slogans privilégiés des socialistes : justice, égalité des chances, lutte contre la pauvreté... Elle les conjugue à sa sauce et, dans sa bouche, ils se transforment en locutions bizarres : bravitude, démocratie participative, désirs d'avenir... La France en rit. Ses camarades aussi. Ce sera sa perte.

François Hollande évite ces sortes de piège. Comme sa compagne, il a fait ses classes à l'Elysée. Un passage plus bref que celui de Ségolène mais qui lui a quand même permis d'emprunter à Mitterrand ses recettes. Non seulement dans le choix des mots, mais aussi dans son style, alternance d'emphase lyrique et de confidences persuasives.

Il a beau sortir vainqueur de la primaire socialiste, il faut attendre le meeting du Bourget pour le voir prendre son envol. En 2012, François Hollande connaît un tournant dans sa campagne présidentielle lorsque, dans son premier grand discours de candidat, il reprend le flambeau mitterrandien et lance d'une voix frémissante : « Mon adversaire, c'est la finance. » En une phrase, il a acquis sa stature de commandeur de la gauche. Son auditoire hurle de bonheur. Le premier rang applaudit avec ferveur.

Il est pourtant composé de camarades guère crédibles dans leur exécration des riches. Et pas seulement Laurent Fabius, énarque et normalien, cavalier émérite, fils d'un des plus gros antiquaires parisiens et qui a déclaré 4 millions d'euros de patrimoine. Comme lui, tous les champions de la cause

Le parti des bons sentiments

socialiste, Rocard, Jospin, Aubry, Royal et même Hollande, sont loin d'être des enfants de prolétaires. Ils gagnent largement plus que les 4 000 euros considérés par le candidat socialiste de 2012 comme l'étiage incontestable d'un riche normal.

Hélas, à peine arrivé à l'Elysée, c'est un autre couplet qu'il lui faut entonner. La crise est passée par là ! Il n'y a plus d'argent dans les caisses du pays. Les banques croulent sous la dette. La finance est exsangue. Et les agences de notation chantent le requiem de la prospérité française. Mitterrand savait très bien faire oublier ce qu'il avait déclaré. Pour un président « normal », c'est beaucoup plus difficile, quasi impossible.

Dans cet horizon national désolé où les bons sentiments ne sont d'aucun secours, il reste les paradis fiscaux. C'est contre eux que les socialistes entendent mener la guerre ! A la pointe du combat, au ministère du Budget, ils placent un bretteur sans pitié qui jure de faire rendre gorge à toutes les fortunes émigrées. Jérôme Cahuzac est compétent. Ce médecin rocardien a commencé sa carrière comme conseiller du ministre de la Santé, Claude Evin. C'est là que lui est venue l'idée d'ouvrir à Paris, dans les beaux quartiers, une clinique du cuir chevelu qui a vite prospéré.

La droite elle-même salue ce ministre qui a su créer une entreprise et gagner de l'argent. Tant d'argent ! Qu'il lui a fallu en mettre une partie à l'abri à l'étranger ! C'est tellement immoral et inconcevable pour un socialiste que ni le Président, ni le Premier ministre, ni le ministre des Finances ne peuvent accorder le moindre crédit à une bande sonore retranscrivant une conversation édifiante de Jérôme Cahuzac parlant de ses placements dans les paradis fiscaux. A plusieurs reprises, ils le questionnent. Chaque fois, c'est la même dénégation avec une pointe d'indignation arrogante et rassurante. Et encore à l'Assemblée nationale, devant la France entière : « Les yeux dans les yeux. » La droite ne se serait sans doute pas remise d'une imposture aussi impudente.

Les socialistes, eux, ne craignent jamais d'exhiber leurs grands principes. Si le « Persan » de Montesquieu débarquait du côté de la rue de Solferino, il serait interloqué par ces professeurs de morale qui ne s'appliquent guère à eux-mêmes les beaux principes d'honneur et de rigueur dont ils se font les avocats gonflés d'emphase. Et le « Candide » de Voltaire en rirait sous cape lui aussi. Mais pour les camarades, l'heure n'est plus à l'humour. Car tous ces gros mensonges, ces entorses à la morale détournent aujourd'hui du parti un électorat séduit par un autre discours.

14

Péril sur les Bouches-du-Nord

Sous cette appellation incontrôlée, on trouve les terres socialistes du Nord, du Pas-de-Calais et des Bouches-du-Rhône. Cherchez l'erreur, c'est là et pas ailleurs que le Front national atteint ses plus hauts scores et nourrit aujourd'hui ses plus folles espérances.

Pourquoi ces deux empires socialistes, longtemps inexpugnables, sont-ils envahis à présent par les cadets de Marine ? Dans le Nord-Pas-de-Calais, la droite dite républicaine n'existe pas. A Lille, Martine Aubry n'a pratiquement pas d'opposition. Pierre Mauroy n'en avait guère davantage. Et ce qui vaut pour la capitale des Flandres se constate également dans les petites villes de la région.

A Saint-Laurent-Blangy, commune de 6 000 habitants, le maire socialiste l'a emporté avec les trois quarts des voix aux dernières municipales. Et à droite, les candidats ne se bousculent plus pour lui disputer son fauteuil. Ils savent que le combat est perdu d'avance : « Dès que les socialistes arrivent au pouvoir, ils ne nous laissent aucun espace », dit le député-maire UMP de Lambersart Marc-Philippe Daubresse. Et pas seulement en multipliant les subventions aux associations de gauche, mais en réservant la quasi-totalité de l'argent des contribuables à une « clientèle » amie : « A la communauté urbaine de Lille que préside Martine Aubry, les villes qui créent de l'emploi, comme la mienne, ne reçoivent rien et celles qui n'ont que des chômeurs bénéficient de toute la solidarité. »

Ces terres laissées en friche par la droite, Marine Le Pen a décidé de les labourer. Et elle ne manque pas d'arguments pour remplir ses tracts. Avec 1,9 milliard d'euros de dette cumulée en décembre 2013, la région Nord-Pas-de-Calais est la plus endettée de France. 1,9 milliard d'euros, c'est l'équivalent du budget d'une année. Par habitant, cette dette a grimpé de 447 euros à 477 euros entre 2011 et 2012, soit 6,7 % d'augmentation en un an. « Pour le chômage, nous sommes aussi les champions, dit Jean-Pierre Bataille, membre UMP de la commission des Finances au conseil régional. Et encore les premiers pour les frais de personnel. Résultat ? 120 millions d'euros de dépenses de fonctionnement par an, un record. » Quant aux profs : « 30 % de plus que dans les lycées de Savoie alors que chez nous le nombre des lycéens baisse. Sur 3 millions de m^2 de lycées, 700 000 m^2 sont vides. »

Pharmacien, maire de Steenvoorde, une petite commune des Flandres de 4 000 habitants, Jean-

Péril sur les Bouches-du-Nord

Pierre Bataille épluche tous les comptes de la région avec une vigilance d'apothicaire : « La droite trouvait jusqu'ici que ce travail n'était pas digne d'elle. Pourtant ce sont ces chiffres qui expriment le mieux la réalité de la politique des socialistes. Et ses dérives. A la région, nous avons cinquante-neuf chefs de projets complexes. Pourquoi complexes ? On n'en sait rien. Sauf que leurs salaires sont plus élevés. Mais chaque fois que l'on pose une question sur les dépenses de personnel, les dépassements de budget, le déficit gigantesque, les subventions aux 5 000 associations, on nous répond : "Nous sommes une région sinistrée économiquement et socialement." Ce discours est révélateur d'une volonté, inconsciente ou non, d'entretenir l'ancien terreau ouvrier, terreau sur lequel Marine Le Pen vient faire pousser ses fleurs. Ainsi s'explique l'alternance du rose et du noir. »

Dès 1992, le Front national obtient onze sièges au conseil régional. Et c'est dans son hémicycle, sur une liste conduite par Carl Lang, aujourd'hui exclu, que, six ans plus tard, la fille de Jean-Marie Le Pen fait ses premiers pas en politique. Une entrée discrète. Mais depuis son ascension à la tête du parti, le dragon blond jette des bouffées de feu à la tête de son président, le socialiste Daniel Percheron, dont elle dénonce en permanence les magouilles lors des attributions de marchés publics :

« Daniel Percheron : Taisez-vous.

Marine Le Pen : Vous ne me parlez pas comme ça, d'accord ?

Daniel Percheron : Si ! je vous parle comme vous me parlez !

Marine Le Pen : Non, vous ne me parlez pas comme ça !

Daniel Percheron : Il n'y a pas que vous qui êtes capable de gueuler dans une assemblée. Qu'est-ce que vous croyez ?

Marine Le Pen : Non, vous ne me parlez pas comme ça !

Daniel Percheron : Taisez-vous !

Marine Le Pen : Non je ne me tairai pas !

Daniel Percheron : Alors continuez de parler, nous on passe à la question suivante !

Marine Le Pen : Non mais ça va pas ou quoi ? Crise d'autoritarisme, va ! Ah, ça vous dérange qu'on parle des magouilles ?

Daniel Percheron : Oui... Oui, madame !

Marine Le Pen : Hein ? De vos amis...

Daniel Percheron : Occupez-vous des vôtres... Occupez-vous des vôtres, madame [1]... »

Avec sa mairie en forme de château fort et son église aux dimensions de cathédrale, la présidente du FN a fait d'Hénin-Beaumont le symbole de la reconquête après le sévère recul de son parti, alors dirigé par son père, au lendemain de la présidentielle de 2007. C'est dans cette petite ville autrefois minière, rongée par les détournements de fonds de la fédération socialiste, qu'elle a officiellement

---

[1]. Voir l'ouvrage de Gérard Dalongeville, *Pen perdue*, Jacob-Duvernet, 2013.

lancé sa candidature pour la campagne de 2012 après avoir obtenu ses cinq cents signatures. C'est à Hénin-Beaumont que, lors d'un de ses premiers meetings, Steeve Briois a brandi devant les 1 500 participants une paire de menottes en s'écriant : « Bienvenue au cœur de la mafia socialiste. »

Dans les Bouches-du-Rhône, les données sont différentes. Depuis la mort de Gaston Defferre, c'est l'afflux des immigrés qui excite les appétits lepénistes. C'est là que Jean-Marie Le Pen a clamé ses plus fortes imprécations pour défendre la préférence nationale, un thème qui fait souffler un vent bénéfique dans les voiles du FN. En 2010, il a été élu aux régionales, et son parti d'extrême droite y fait des scores impressionnants dans le Var, les Alpes-Maritimes, le Gard, le Vaucluse et les Bouches-du-Rhône, sans doute grâce à ses discours xénophobes.

Dans ces deux régions, le signal rouge a été allumé lors de la dernière élection présidentielle. Face à ses adversaires, Marine Le Pen a, en 2012, obtenu 17,90 % des voix, 2 millions d'électeurs de plus que son père dix ans plus tôt. Mais dans le Pas-de-Calais, elle est arrivée en deuxième position avec 23,2 % des suffrages contre 28,5 % pour François Hollande. Dans plusieurs communes du département, elle caracolait même en tête. Notamment à Hénin-Beaumont où elle a recueilli 35,4 % des suffrages. En région Paca, son score était de 23,87 %.

C'est à partir de ce vigoureux avertissement que les socialistes se sont aperçus que le Front national était en train de vivre une mutation profonde : « Marine, elle n'est plus ni de droite ni de gauche, elle est nationale-poujadiste », décrypte Jean-Christophe Cambadélis.

La révolution est d'abord sémantique. Marine Le Pen ne s'attaque plus aux « Arabes » comme son père, elle combat les « islamistes » qui réclament des cantines scolaires halal, occupent rues et passages couverts pour leurs prières et cumulent les allocations familiales versées aux trois épouses d'un même mari... Dans sa bouche, le racisme devient presque convenable et en tout cas partagé, hélas!, par une partie du peuple de France. Elle n'est plus contre l'Europe mais contre l'euro. Elle a refusé de participer aux manifestations anti-« Mariage pour tous ». Elle n'est plus extrémiste, elle défend la démocratie électorale, les femmes, l'école laïque et ses valeurs républicaines autrefois prônées par Jules Ferry : mérite, respect, autorité... Le 12 octobre 2013, elle a lancé le Collectif Racine qui regroupe, sous la bannière Front national, une trentaine d'enseignants « amoureux de l'école et déplorant son déclin ». Une offensive que la nouvelle présidente veut mener dans la France entière en créant des sections FN chez les profs, cette clientèle de prédilection du PS.

Pour ce nouveau vocabulaire, elle s'appuie sur la ligne de l'ancien rebelle excommunié par son père, Bruno Mégret. Douze ans après la rupture, Marine Le Pen, sans craindre la colère paternelle, s'est entourée des meilleurs ouvriers du « félon » : Bruno Bilde, son chef de cabinet, Steeve Briois, secrétaire général et futur candidat à la mairie d'Hénin-Beaumont, Nicolas Bay, secrétaire général adjoint et spécialiste des élections. Quant à son beau-frère, Philippe Olivier, artisan du schisme, il est devenu son conseiller en stratégie... Conséquence ? Trois mois avant la présidentielle de 2012, Marine Le Pen a ainsi publié un livre intitulé *Pour que vive la France*, qui était mot pour mot, douze ans plus tôt, le titre du programme de Bruno Mégret.

Venu du gaullisme, ce fils prodigue prônait l'alliance avec la droite alors que Jean-Marie Le Pen a toujours repoussé de telles compromissions et l'idée même du pouvoir qui conduit à créer des baronnies : « Quand les jeunes rejoignent les équipes municipales, la pureté doctrinale en prend un coup », répète le vieux patron, au contraire de sa fille qui voit dans les élections municipales un objectif prioritaire. Elle entend quadriller le pays et rêve d'avoir un candidat du FN non seulement dans ses terres de prédilection, les Bouches-du-Nord, mais dans toutes les communes de France. Et, pour l'heure, elle ne craint pas le cumul !

Le parti de l'extrême droite qui ne veut plus dire son nom a prospéré depuis 2012 grâce à l'augmentation des subventions calculées sur le nombre des électeurs. De 1,8 million d'euros sous Nicolas Sarkozy, elles sont passées à 5,5 millions sous François Hollande. Grâce à ce magot, Marine Le

Pen a pu se lancer dans une gigantesque campagne pour recruter aux quatre coins du pays des nouveaux candidats avec un profil de gendre idéal, des filles à l'image aseptisée de sa nièce, Marion Maréchal-Le Pen dont elle commence pourtant à redouter l'ascension depuis son entrée médiatisée à l'Assemblée nationale au bras de l'avocat vedette Gilbert Collard. Ils sont jeunes, et un tiers d'entre eux se lancent pour la première fois dans une bataille politique. Kévin Goslin, vingt ans, est candidat à Lens, Antoine Mellies, vingt-quatre ans, à Givors. Pour son baptême du feu, Etienne Bousquet-Cassagne, vingt-trois ans, s'est déjà fait remarquer à Villeneuve-sur-Lot, en éliminant le candidat socialiste lors de la législative partielle destinée à remplacer Jérôme Cahuzac. Une dizaine d'entre eux viennent de l'UMP ou du MoDem de François Bayrou, comme Adrien Mexis qui se lance à Istres, dans les Bouches-du-Rhône, ou Damien Guttierez à La Seyne-sur-Mer. Ils trouvent les mots pour parler du chômage qui frappe leur génération et n'ont aucun mal à stigmatiser le manque de courage des vieilles politiques de droite comme de gauche pour enrayer cette crise dont personne ne voit la fin.

David Rachline, ancien leader du Front national Jeunesse, vingt-cinq ans, veut lui s'attaquer à Fréjus, l'ex-ville de François Léotard, et il a installé son local de campagne juste en face de la mairie. Son adversaire socialiste, Elsa Di Meo, trente et un ans, s'inquiète, non sans raison, de cette vague : « Ils travaillent à avoir des permanents politiques partout. » Secrétaire général adjoint en charge des élections, Nicolas Bay confirme : « En dix mois, nous avons ouvert soixante-dix permanences. Rien que dans le Var, on en compte onze ou douze nouvelles. Depuis septembre 2012, nous avons fait aussi un énorme travail pour remplacer les responsables départementaux. Près de la moitié ont disparu, soit ils n'avaient pas le niveau politique, soit ils n'avaient pas mis à jour le nouveau logiciel du parti. »

A trente-cinq ans, ce transfuge du MNR de Bruno Mégret est le prototype de cette jeune génération que Marine Le Pen a promue et impose vigoureusement aux anciens. Nicolas Bay a pris sa carte du Front national adolescent au moment du référendum sur Maastricht. Ses parents sont gaullistes. Son père est DRH et sa mère a mis au monde sept enfants. Tous deux n'ont pas vu d'un mauvais œil son engagement. En 2004, il n'a pas craint d'affronter Marine Le Pen aux régionales d'Ile-de-France sous l'étiquette MNR. Quatre ans plus tard, la brouille est effacée et l'insolence oubliée. Aujourd'hui, il part à la conquête d'un fief, la Seine-Maritime de Fabius. Et ce n'est pas un hasard. Dans ce département passé à gauche avec la mort de Jean Lecanuet il y a vingt ans, la droite est orpheline. Pour le Front national, c'est, comme les Bouches-du-Nord, une terre à annexer.

Depuis ses premiers succès dans les années 80, ce parti a un grand handicap : il manque de racines locales. Mais Marine Le Pen est, là encore, en train de le surmonter. Ses candidats affichent désormais des pedigrees que ne renieraient plus leurs adversaires de gauche. Dans le Nord, la nouvelle tête d'affiche, Steeve Briois, est petit-fils de mineur et fils d'ouvrier. Ce quadra du FN, qui a fait aussi ses classes chez Bruno Mégret, est désormais solidement installé dans la région.

Tête de liste à Hénin-Beaumont, il entre au conseil municipal, en 1995, avec un compère frontiste. Avec cinq élus aux dernières municipales, il est désormais le principal groupe d'opposition. En 2009, à l'élection municipale partielle consécutive à la mise en détention du maire socialiste, Gérard Dalongeville, le hussard frontiste arrive en tête au premier tour avec 39,34 % des voix. Durant sa campagne, il pose dans un décor bucolique, la main sur un arbre avec comme slogan : « L'enfant du pays contre la mafia. » Pour lui faire barrage, c'est, à Hénin-Beaumont, un défilé de stars : Martine Aubry, Xavier Bertrand et même Dany Boon appellent les électeurs à un sursaut républicain. Mais si Steeve Briois ne gagne pas la mairie, entre les deux tours, il a encore engrangé 1 000 électeurs de plus.

Avec Marine Le Pen, ils se partagent les rôles. Il est son suppléant aux législatives. Elle est sur sa liste à la mairie. Jusqu'ici le tandem a fonctionné sans accroc. La présidente du Front national a beau promettre à chaque élection qu'elle restera à Hénin-Beaumont, elle n'y habite pas, même si elle y loue un appartement. Elle ne vient que pour faire son show. A chacune de ses conférences de presse dans le local du parti, désormais situé en plein centre-ville, les journalistes envahissent la cité minière, à la consternation de ses habitants qui en ont assez de jouer les figurants lorsqu'ils se rendent au marché.

A Marseille, le candidat FN, Stéphane Ravier, qui n'avait pas obtenu 2 % des voix au second tour des dernières municipales, est arrivé en tête au premier tour des législatives de 2012, dans le quartier nord, celui qui défraie la chronique avec ses trafics et ses règlements de comptes à la kalachnikov. Il n'a été battu que de sept cents voix par la candidate socialiste, la belle et élégante Sylvie Andrieux. Son adversaire est pourtant conseillère régionale et la fille d'une vieille figure du parti, ancien résistant et grand ami de Gaston Defferre. Après avoir commencé sa carrière comme chauffeur de taxi, Antoine Andrieux est devenu sénateur jusqu'à sa mort, en 1983.

L'explication ? Stéphane Ravier habite au milieu de ses électeurs. Il est en permanence sur le terrain alors que l'élue socialiste réside à l'autre bout de Marseille, dans une villa sur la corniche. Mais surtout, Sylvie Andrieux a été condamnée en première instance pour avoir détourné plus de 700 000 euros de subventions de la région à des fins de clientélisme électoral. En clair, pour assurer sa réélection, elle a repris les bonnes vieilles techniques de son père et de Gaston Defferre : arroser dans sa circonscription des associations plus ou moins fictives. C'est le schéma classique de la politique à la marseillaise, comme l'explique un vieux cacique du PS : « Quelqu'un entre dans le bureau de l'élu et déclare : je représente cinq cents électeurs et je veux créer une association. La subvention suit et, quelques mois plus tard, on retrouve notre homme en voiture de sport ayant casé sa maîtresse à l'association. » Le 22 mai 2013, Sylvie Andrieux a été lourdement condamnée à un an de prison ferme, 100 000 euros d'amende et cinq ans d'inéligibilité. Elle a fait appel et sera rejugée. Ces sortes de scandales font les choux gras du FN et expliquent le score impressionnant de son candidat marseillais, Stéphane Ravier.

Au risque de provoquer une commotion cérébrale chez son père, Marine Le Pen a fait adopter une « charte des principes essentiels qui pourraient servir de base à des alliances », un programme auxquels tous les maires de France, de Nancy à Bordeaux, pourraient souscrire les yeux fermés : refuser toute augmentation de la fiscalité, agir pour assurer la sécurité, promouvoir un urbanisme respectueux de l'architecture locale et du patrimoine, mettre fin aux installations sauvages de nomades...

D'ailleurs, depuis les dernières législatives, la présidente du Front national n'entend plus employer pour les élections qu'un nouveau label : « Rassemblement Bleu Marine », qui regroupe autour du Front national quelques corpuscules de droite ou même de gauche comme le SIEL (Souveraineté, indépendance et liberté) de Paul-Marie Coûteaux, ancien gaulliste de gauche puis chevènementiste. Des deux députés qu'elle revendique, l'avocat Gilbert Collard n'est pas membre du FN. Mais seulement supporter parfois lyrique de la nouvelle Marine qui, désormais, se veut « bleue de France ».

À l'approche des élections municipales, les signes alarmants se multiplient dans toutes les régions. Le parti socialiste au pouvoir a les moyens de nourrir ses angoisses à coups de sondages, et ils sont prometteurs pour le Front national qui n'est jamais coté à moins de 15 % : « En principe, il devrait bousculer la gauche au premier tour. Mais au second, défavoriser la droite grâce aux triangulaires qui seront à coup sûr nombreuses », pronostique Jean-Christophe Cambadélis. Cela fait vingt-cinq ans que cette stratégie mise au point en 1986 par le machiavélique François Mitterrand fonctionne avec succès dans la France entière. Mais des sueurs froides se propagent dans les rangs socialistes : « Aujourd'hui, on n'est plus dans la situation de la triangulaire classique. Quand le Front national arrive en deuxième position, cela devient très inquiétant », dit l'avocat Michel Pezet, le vieux sage du parti socialiste à Marseille. Tous gardent en mémoire le terrible scénario du 21 avril 2002, le jour où Jean-Marie Le Pen a éliminé Lionel Jospin. Et à présent, le décor a changé. Et en pire !

Certains candidats ne sont pas seulement d'anciens élus de droite, comme Patrick Amate à

Heureux comme un socialiste en France

Carry-le-Rouet, près de Marseille, ou Arnaud Cleret à Gamaches, dans la Somme, une dizaine d'entre eux viennent désormais de la gauche et même de l'extrême gauche. A Tarascon, c'est une jeune directrice d'école, ex-militante de gauche, Valérie Laupies, qui pourrait bien l'emporter. A Outreau, c'est un ancien supporter de François Mitterrand qui a claqué la porte du PS pour adhérer au Rassemblement Bleu Marine. A Méricourt, petite commune de l'agglomération de Lens-Liévin présidée par Jean-Pierre Kucheida, le vieux syndicaliste CGT Jean-François Delcroix, devenu frontiste, n'hésite pas à proclamer que le parti de Marine Le Pen est désormais le « dernier rempart des ouvriers ».

La crise accroît le désamour du peuple pour le parti socialiste au pouvoir. Le chômage, la hausse des prix avec l'euro, l'insécurité, les cambriolages à répétition sont aujourd'hui les atouts maîtres du camp bleu marine. Tout au long de son quinquennat, Nicolas Sarkozy, conscient du danger, a poursuivi la stratégie qui lui avait réussi en 2007, celle de son conseiller Patrick Buisson, qui vient de l'extrême droite, et qui a systématiquement développé les thèmes autour de l'identité nationale, marque de fabrique du Front national.

Depuis sa naissance, il y a trente ans, le Front national a les yeux rivés sur l'ascension du Mouvement social italien, son grand frère en Italie. Le MSI est né en 1946, sur la dépouille du fascisme de Mussolini. Son chef Giorgio Almirante assume cette

Péril sur les Bouches-du-Nord

filiation et compte, à sa première apogée en 1972, cinquante-six députés et vingt-six sénateurs. Quinze ans plus tard, malade, il confie les rênes du parti à un jeune loup de trente-cinq ans, Gianfranco Fini, qui, aussitôt, le délivre de ses oripeaux fascistes. En 1995, le MSI devient l'Alliance nationale et, en signe de sa mutation, abandonne sa flamme tricolore, emblème des combats de l'extrême droite.

L'année suivante, l'AN est le troisième parti italien et Gianfranco Fini se pose en leader d'une droite moderne et réformiste. Résultat immédiat dans les urnes, les électeurs ne le boudent plus. En 2001, il fait élire quatre-vingt-dix-neuf députés qui fusionnent, au Parlement, dans un groupe unique, avec ceux de la Forza Italia, mené par Silvio Berlusconi. Fini entre au gouvernement du Cavaliere et devient même, en 2004, son ministre des Affaires étrangères. Plus jeune et plus politique, il espère le supplanter mais il n'y parviendra pas.

Quel que soit l'épilogue, Marine Le Pen peut rêver d'un semblable destin avec un parti qui, sous son règne, vient de tourner la page de ses outrances fascisantes. Dans la plupart des pays européens, Suède, Finlande, Danemark, Pays-Bas, Autriche, Hongrie, les électeurs cèdent de plus en plus aux sirènes de ce qu'on appelle désormais le « national-populisme ». Tous adoptent les mêmes slogans que le Front national : « Nous ne paierons pas pour la Grèce » et « Stop à l'immigration sauvage »…

L'histoire ne se répète pas mais souvent elle se reproduit. La crise de 1929 et l'arrivée du Front populaire au pouvoir ont durci la droite avant de la renforcer. Pour les municipales, Marine Le Pen affiche un objectif ambitieux mais crédible : avoir 1 000 conseillers élus dans toutes les communes de France.

Mais l'échéance capitale, c'est 2015 et les élections régionales. La maîtresse en chef du Front national a cette fois, dans sa ligne de mire, la conquête d'une région. Certains socialistes envisagent avec épouvante l'hypothèse d'un troc dans les Bouches-du-Nord. L'UMP céderait la région Nord-Pas-de-Calais au Front national et obtiendrait en échange son soutien pour enlever la région Paca à la gauche.

Mais la droite n'est pas à l'abri d'un autre cauchemar avec, au second tour de la présidentielle de 2017, un duel François Hollande-Marine Le Pen. Ce qui serait loin de déplaire au président de la République. Lui qui a appelé à voter pour Jacques Chirac lors de l'éviction de Lionel Jospin espère peut-être voir la droite lui rendre la politesse.

15

Le pays où la gauche est heureuse

Alors, heureux ? Eh bien, oui ! Malgré les sondages, les échecs, les couacs et les fiascos, heureux quand même... Les socialistes bénéficient d'une exception française qui leur tient chaud au cœur. Partout en Europe, dès les premiers signes de la crise, leurs camarades, qu'ils soient sociaux-démocrates ou travaillistes, ont été exclus du pouvoir. En France, au contraire, tout leur a été confié, l'exécutif, le législatif, le judiciaire et le local. Personne pourtant, pas même chez eux, n'imagine qu'ils ont des recettes miracles pour relancer la machine économique, mettre fin aux déficits et au chômage. Dans ce domaine, leur réputation est faite depuis longtemps. Pour les Français, le mot « socialisme » est synonyme de gabegie, de gaspillage et de gestion à la petite semaine.

Mais dans notre pays, c'est chic d'être à gauche. Et ringard de se dire de droite. Il y a un effet de mode qui ne date pas d'hier. Dans tous les milieux, y compris la bourgeoisie éduquée, il est de bon ton de défendre les idées de générosité, de tolérance, de progrès social. Quiconque affiche des opinions opposées, même au nom de l'efficacité et du réalisme, est suspect et doit se justifier.

Il y a quarante ans, Valéry Giscard d'Estaing a un coup de génie quand il lance à la télévision dans un débat de la campagne présidentielle : « Vous n'avez pas le monopole du cœur ! » François Mitterrand, vieux routier des maximes en forme de slogan, en est resté bouche bée. Mais si la petite phrase est entrée à juste titre dans notre histoire, elle n'a pas pour autant délivré la droite d'un jugement *a priori* qui la rejette de façon définitive du côté des conservateurs obtus.

La gauche, à l'opposé, n'est pas seulement le parti du cœur. Elle est aussi celui de l'intelligence et de l'avant-garde. Depuis l'Ancien Régime, elle a eu ses prophètes, Voltaire, Victor Hugo, Jules Ferry, Zola, Jaurès... Après 1917, Aragon devient célèbre non pas tant pour son génie de poète que pour son engagement marxiste-léniniste fièrement affiché. Il rejoint dans le camp du socialisme révolutionnaire les André Breton, Paul Eluard, Pablo Picasso, Fernand Léger, Le Corbusier. A croire que tous les grands cerveaux de notre pays ont été lavés à l'eau des Soviets.

Depuis la tragédie de l'ex-trotskiste Jospin, le 21 avril 2002, les socialistes ont laissé tomber les méandres de l'idéologie dont leurs aînés faisaient leurs délices pour se consacrer aux subtilités de la médiatisation. Avec l'aide de gourous et d'experts éminents, le PS est devenu le parti de la communication. Il a acquis dans ce domaine une maîtrise que la droite lui envie. Avec YouTube et les réseaux sociaux, les web-journaux et les chaînes d'information continue, le marketing politique est un carrousel échevelé dans lequel on ne survit qu'au prix d'un sang-froid extrême. « Il n'est plus nécessaire d'avoir son courant de pensée, le plus important, dit un dirigeant du PS, c'est d'avoir son rond de serviette à l'année dans les médias. Et de l'entretenir. » Les nouveaux socialistes n'ont lu ni Jaurès ni Blum, ils participent peu aux réunions de section, et moins encore aux distributions de tracts et aux collages d'affiches. Ils donnent de la voix sur leur blog ou Twitter, et c'est autrement influent.

Critiquer, contester, combattre la droite au pouvoir est leur sport de prédilection. Les militants voient leurs rangs grossir lorsqu'ils sont dans l'opposition et ils n'ont pas de mal à recruter dans les facultés et les banlieues. Comme la diversité, la parité, nouveau mot d'ordre, est destinée à embrigader un électorat féminin qui traditionnellement votait à droite. Ce n'est plus le cas depuis Mai 68, l'apparition de la pilule et le partage des tâches à la maison. C'est la droite qui a fait voter la loi sur l'avortement comme celle imposant la parité dans les conseils d'administration, mais c'est le PS qui apparaît comme le premier « laboratoire de l'égalité ». Il y a, dans tous ses rouages et échelons, à présent, presque autant de femmes que d'hommes et elles insufflent au parti une pugnacité nouvelle.

Le drame de la droite, c'est qu'elle peine encore et toujours à vendre ses idées. Surtout, elle manque de cette souplesse acrobatique qui permet aux socialistes au pouvoir d'appliquer une politique qu'ils dénoncent avec virulence quand ils sont dans l'opposition. Sur ce plan, François Hollande, depuis son arrivée à l'Elysée il y a moins de deux ans, n'a pas manqué de réaliser de jolies prouesses. Un exemple? L'augmentation de la TVA.

A trois mois de l'élection présidentielle, dans une interview télévisée, le président candidat Nicolas Sarkozy annonce une hausse de la TVA qui passera à 21,6 % : « Pourquoi ça marcherait chez les Allemands et pas chez nous? », s'écrie-t-il. Cette augmentation doit servir à financer la protection sociale perpétuellement déficitaire.

Manuel Valls, porte-parole du champion socialiste, est le premier à riposter : il dénonce « la boîte à outils improvisée de Nicolas Sarkozy visant simplement à répliquer au projet de François Hollande ». Le PS annonce sur-le-champ que, en cas de victoire, la TVA ne sera pas augmentée.

A l'été 2012, en effet, l'abrogation de la TVA sociale de Nicolas Sarkozy qui devait entrer en vigueur le 1er octobre est inscrite dans le premier collectif budgétaire du gouvernement Ayrault. Mais deux mois plus tard, coup de théâtre ou coup de roulis : prenant prétexte de la publication du rapport de Louis Gallois sur le décrochage de l'industrie française, François Hollande, dans un tête-à-queue prestement négocié, annonce une hausse de la TVA pour diminuer de 20 milliards les charges des entreprises.

La droite tombe du placard!

Plus que dans les autres pays d'Europe, les socialistes en France ont un véritable génie pour mener la politique que leurs adversaires n'ont pas su ou pas pu mettre en œuvre. C'est une habitude qui ne date pas de François Hollande. En 1981, pour juguler l'inflation, Pierre Mauroy a décidé d'établir le contrôle des changes, une mesure courageuse que son prédécesseur Raymond Barre n'avait pas osé prendre, de peur de mécontenter son électorat.

Mieux encore, parmi les virages sur l'aile exécutés de main de maître par François Mitterrand, l'un des plus spectaculaires lui a été suggéré par le président du patronat Yvon Gattaz. Cet ingénieur diplômé de Centrale et père de l'actuel président du Medef a créé une entreprise de composants électroniques : Radiall. Avec ses semelles de crêpe, son bon sourire et ses lunettes d'écaille, le patron des patrons n'a rien de ces fauves capitalistes que le président de la République voue aux enfers : « Je voulais, raconte-t-il, démontrer au chef de l'Etat que son impôt sur la fortune constituait une charge supplémentaire pour les entreprises, un frein pour les investissements et donc une menace pour l'emploi, problème déjà crucial à l'époque. »

Heureux comme un socialiste en France

Surprise : dans son bureau de l'Elysée, François Mitterrand écoute Gattaz attentivement et patiemment. Les rendez-vous s'enchaînent. Chaque fois, le patron de l'Elysée lui fait raconter la création de son entreprise : « C'était pour lui comme le conte de la Belle au bois dormant. Tout l'étonnait. Il ne cessait de me poser des questions : mais l'escompte, comment avez-vous fait ? Mais sans un franc de capital ce n'est pas possible ! » Le chef de l'Etat tombe des nues : « Pour lui, ajoute Yvon Gattaz, les dirigeants d'entreprise formaient une caste qui s'autoreproduisait. Pourquoi lui ai-je plu ? Mon frère et moi, nous étions tous les deux ingénieurs, mais surtout fils et petits-fils d'enseignants. »

Enfin, le 15 septembre 1982, Gattaz gagne son pari. L'outil de travail est exonéré de l'ISF, impôt emblématique du nouveau pouvoir. Théoriquement jusqu'en 1985, en fait définitivement, sauvant les entreprises françaises d'un rachat sauvage par des concurrents étrangers. Entre-temps, la situation économique a viré au cauchemar et va d'ailleurs provoquer une déroute de la gauche aux élections municipales, guérissant Mitterrand de l'orthodoxie socialiste : en 1988, au moment de se présenter à l'élection présidentielle pour un second mandat, il condamne les nationalisations, morceau de bravoure de son premier septennat.

Dans son sillage, c'est la majorité des socialistes qui répudie la foi de leurs pères, avec des gouvernements résolument réformistes. Ainsi ce sont les Premiers ministres Michel Rocard et Edith Cresson qui organisent les renvois intensifs, par charters, des sans-papiers dans leur pays d'origine. C'est leur successeur Pierre Bérégovoy qui, en 1992, sous la pression de Bruxelles, décide à la fois d'un vaste plan social et d'une refonte du statut des dockers.

Depuis la Libération, la CGT est maîtresse des ports français. Le syndicat communiste a le monopole des embauches, des salaires, des conditions de travail. Face à la concurrence étrangère, les dockers français bénéficient d'un statut très privilégié qui leur permet d'être payé 30 à 50 % de plus. Le nouveau texte rédigé par le secrétaire d'Etat à la Mer, Jean-Yves Le Drian, provoque une grève immédiate menaçant l'activité de tous les ports de France.

Michel Delebarre est alors au gouvernement en charge de la Fonction publique et des Réformes administratives. Il est aussi maire de Dunkerque. Hardiment et dangereusement, il condamne le monopole de la CGT et ouvre des négociations avec un syndicat créé pour la circonstance. Pour déloger les grévistes qui bloquent le port avec des containers et saccagent le siège dunkerquois du patronat, il envoie sept cents CRS : « Pendant que les jaunes du syndicat félon allaient travailler sous escorte policière, nous, on se battait pour empêcher les licenciements, raconte un militant CGT. L'objectif des patrons, c'était de casser un bastion de la CGT. Et ils y sont arrivés grâce au PS de Delebarre. » Une initiative que la droite appelait de ses vœux sans oser s'y risquer. Chez les socialistes, c'est une vieille tradition. Les CRS, c'est Jules Moch, ministre socialiste de l'Intérieur, qui les a créés en 1948 pour mettre fin, dans le Nord et à Marseille, aux grèves insurrectionnelles menées par la CGT et les communistes rêvant d'un « grand soir ».

Les majorités au pouvoir sont naturellement toutes hantées par la peur de devoir céder la place. La droite, depuis les malheurs du gouvernement Juppé assiégé par la rue en 1995, redoute par-dessus tout les manifestations de masse. La gauche, elle, depuis... 1936! vit dans la terreur d'être renversée par une crise politique.

Tenir : ce seul mot leur tient souvent lieu de programme. Pour s'assurer cinq années sans épreuve du feu électorale, Jacques Chirac a eu l'idée, en 1997, de dissoudre l'Assemblée nationale. Mal lui en a pris. C'est la gauche qui en a profité, lui imposant la plus longue cohabitation de la Ve République. Car le peuple, en France plus encore qu'ailleurs, déteste qu'on lui force la main. Lorsqu'un parti s'avise de le piéger dans une mécanique électorale imparable, il se venge dans les urnes. Aujourd'hui, les socialistes ont mis en place des systèmes pervers pour gagner les élections locales en prélude à une nouvelle double victoire en 2017.

Mais gare à ce corps électoral jaloux de son intelligence, de sa maturité, de son indépendance. Les tripatouillages électoraux de toutes sortes ont porté deux fois malheur aux socialistes : en 1986, avec la proportionnelle mise en place par Mitterrand, et seize ans plus tard avec le quinquennat manqué de Jospin.

Jamais deux sans trois ?

Alors, heureux ? Allons donc ! A peine vingt mois après l'arrivée fracassante des socialistes au pouvoir et l'invasion joyeuse de l'Elysée, du gouvernement, de l'Assemblée nationale, le chef de la famille, François Hollande, est déjà en pleine détresse, comme un monarque sur le point d'être déposé. Selon l'expression populaire, « tout fout le camp » ! Du moins, tout lui échappe : l'autorité, la crédibilité, la cohérence, jusqu'à ce capital de sympathie qu'il avait si bien amassé au cours de ces dernières années.

Depuis son entrée à l'Elysée, le chef de l'Etat a, pourtant, été dûment averti de la politique courageuse qui seule lui permettrait d'échapper au naufrage financier, économique, politique. Le président socialiste de la Cour des comptes, Didier Migaud, et surtout l'ancien patron d'Airbus et de la SNCF, Louis Gallois, socialiste lui aussi, ont écrit noir sur blanc la feuille de route pour sauver le pays. Ses « outils », cet Européen convaincu, héritier de Jacques Delors, les a dans sa boîte et avec le mode d'emploi. Le 31 décembre 2013 à l'occasion de ses vœux aux Français, il a pour la première fois affirmé sa volonté de réduire les charges des entreprises et les dépenses publiques. Et même, à terme, de baisser les impôts !

Mais au moment de passer à l'action, François Hollande est pris d'une espèce d'inhibition.

Lorsqu'il adopte les mesures nécessaires, notamment la flexibilité du travail, le recul de l'âge de la retraite ou le pacte de compétitivité, il reste à mi-chemin et laisse le groupe parlementaire socialiste édulcorer ses projets de loi par une rafale d'amendements. Ou alors, comme pris de remords et surtout d'angoisses, il retarde leur application au lendemain des échéances électorales.

Son gouvernement, cette quarantaine de néophytes affichant la morgue des jeunes gens aveuglés par l'ambition, semble n'avoir aucune prise sur les événements qui, presque chaque jour, assaillent le pays. On décide une « éco-taxe », un impôt écologique voulu par la droite puis promis par François Hollande à la demande des écologistes. Mais devant la colère de la Bretagne, désormais terre d'élection des socialistes, on ajourne précipitamment ce prélèvement obligatoire sans oser pourtant le supprimer tout à fait. Face à tant d'amateurisme et d'impuissance, les socialistes eux-mêmes sombrent dans la déprime devant cette crise qui fait plonger les classes moyennes dans la pauvreté et dont personne n'ose prédire la fin.

Et, malgré tout, François Hollande donne l'impression d'être, sinon heureux, du moins habité par cette « force tranquille » chère à Mitterrand. Il succède à six présidents de la République qui tous, à commencer par de Gaulle, le premier et le plus illustre, ont affronté les pires épreuves. Il peut se croire assuré de rester à son poste jusqu'à la fin de son mandat, en 2017. Son gouvernement n'est responsable que devant lui : la Ve République a rendu impossibles ces crises gouvernementales à répétition qui ont causé la mort de la IVe.

Sans doute le président de la République pense-t-il plus encore à la fin de ce quinquennat si mal commencé et à son éventuelle réélection que tout le monde autour de lui et dans la presse.

Au total, il n'a commis ni erreur ni faute majeure, seulement manifesté une effrayante paralysie entre les revendications enragées des nouveaux socialistes et les sages de la gauche, qui prêchent la rigueur, voire l'austérité et lui disent qu'une autre politique seule permettrait aux socialistes d'être enfin heureux au pouvoir.

*Cet ouvrage a été composé par
CPI Firmin Didot à Mesnil-sur-l'Estrée
pour le compte des Éditions Plon
12, avenue d'Italie
Paris 13^e
en janvier 2014*

Impression réalisée par

CPI
BRODARD & TAUPIN

La Flèche (Sarthe)
en février 2014

Imprimé en France
Dépôt légal : février 2014
N° d'impression : 3004445